Irene Dische

Die militante Madonna

Roman

Aus dem Englischen
von Ulrich Blumenbach

Hoffmann und Campe

1. Auflage 2021
Copyright © 2021 Hoffmann und Campe Verlag, Hamburg
www.hoffmann-und-campe.de
Umschlaggestaltung: hißmann, heilmann, hamburg
Umschlagabbildung: © akg-images / Cameraphoto
Satz: Pinkuin Satz und Datentechnik, Berlin
Gesetzt aus der Apollo
Druck und Bindung: GGP Media GmbH, Pößneck
Printed in Germany
ISBN 978-3-455-01196-8

HOFFMANN
UND CAMPE

Ein Unternehmen der
GANSKE VERLAGSGRUPPE

Die militante Madonna

Vorspruch

Ich betrachte Sie in Ihrem seltsamen Jahrhundert voller Verwunderung. Zweihundertfünfzig Jahre nach meiner Zeit glauben Sie offenbar, Sie hätten die Wahlfreiheit erfunden, ein Mann oder eine Frau zu sein. Schon mit dem Wort *Wahl* fuchteln Sie herum, als hätten Sie es erfunden, aber in Wahrheit haben Sie nur jede Menge Regeln erfunden, wie eine einmal getroffene Wahl umzusetzen und zumal in Worte zu fassen ist. Sie kontrollieren den Sprachgebrauch, und »Falschsprechen« – ein Wort, mit dem mein in den 1600ern geborener Großvater gegen das Aussprechen sündiger Dinge wetterte – wird mit schweren Strafen geahndet. Die Sünde wurde aus Ihrem Wortschatz gestrichen, aber die Verdammung des Wortverbrechens ist geblieben.

In meiner Zeit und in meinen Kreisen sprachen wir, wie es uns gefiel. In den obersten Gesellschaftsschichten, am kultiviertesten Hof der Welt kleideten sich die Männer wie Frauen und die Frauen wie Männer, und niemand regte sich über solche Kinkerlitzchen auf. Bevor sie Zarin wurde, kleidete sich Elisabeth von Russland wie ein Soldat und pflegte nachts mit den Truppen zu

fluchen und Karten zu spielen. Nach ihrer Thronbestei-
gung nahm sie eine kleine Korrektur an der Etikette der
wöchentlichen Maskenbälle vor – Männer hatten fortan
in Abendkleidern und Frauen in Uniformen zu tanzen.
Ich war als Frau dabei, als Lea de Beaumont. Eine schöne,
geistreiche Frau mit kecken Brüsten, strahlend blauen
Augen und blonden Locken, die ich nicht unter Puder
erstickte. In die inneren Angelegenheiten des Reichs eingeweiht, sandte ich meine Berichte dem klatschsüchtigen
König von Frankreich, der mich gut dafür bezahlte, und
verfasste persönliche Briefe mit klugen »weiblichen« Beobachtungen zum menschlichen Charakter. Dann verwandelte ich mich wieder in den Chevalier d'Éon de
Beaumont, einen grimmigen Krieger und gefürchteten
Fechter. Ich wurde zweimal verwundet, und nachdem
ein Zug von nur fünfzig Dragonern unter meinem Kom-
mando den Sieg über siebenhundert Preußen errungen
hatte, rühmte der König meine »glorreichen Heldentaten
auf dem Schlachtfeld«. Nach Kriegsende erkannte er
meine eigentlichen Talente als Diplomat und beauftrag-
te mich mit der Teilnahme an Friedensverhandlungen
zwischen England und Frankreich. Als Zeichen seiner
Anerkennung heftete er mir die begehrteste Auszeich-
nung, das Sankt-Ludwigs-Kreuz, ans Revers der Uniform eines Dragonerhauptmanns und sandte mich nach
London. Unter dem Nom de Plume William Wolf ana-
lysierte und prophezeite ich den Verlauf der Romanzen,
die mir als Frau zu Ohren kamen, und der politischen
Intrigen, deren Zeuge ich als Mann wurde, und als ei-
genbrötlerischer Chevalier d'Éon verfasste ich, versteckt
in einem Herrenhaus in Hampshire, Abhandlungen zur
Finanzkunst, die kein Geringerer als Friedrich der Große

sammelte und studierte. Als die englische Polizei in meine Bibliothek gestürmt kam, um mich zu ergreifen, weil ich einen Feind im Kaffeehaus zum Duell gefordert hatte – ein Duell, das ich spielend gewann, weil mein Gegner das Hasenpanier ergriff –, empfing ich sie als verschämte, in Bücher vernarrte Demoiselle, die die fünfzehntausend Bände des Herrn bewundern wollte, der, wie ich sie bedauernd in Kenntnis setzte, zwei Tage zuvor nach Amerika abgereist war.

Bald darauf wurde mein Leben eine abgedroschene Geschichte. Spätestens als die überheizten öffentlichen Wetten an der Londoner Börse, ob ich nun ein Mann oder eine Frau sei, den heutigen Gegenwert von zwei Millionen Pfund überstiegen, zeichnete sich ihr Ende ab. Die Engländer hätten auch Wetten darüber platziert, ob die Madonna eine Jungfrau war, und ich beschloss, ihrem Beispiel zu folgen und dafür zu sorgen, dass mein Geheimnis niemals gelüftet würde.

Wie ich eine hohe Stelle bekleidete
und auch behielt

Es war einmal ein König, Louis XV. von Frankreich, der machte mich, den er *Yeux d'Ange*, »Engelaugen«, nannte, zum französischen Interimsbotschafter am Hof von St. James. Das kränkte mich tief. Für jahrelange geheime wie öffentliche Dienste belohnte er mich mit einem vorläufigen Amt. Es war nicht seine Idee gewesen – sein Außenminister, gebenedeit mit der *noblesse de race*, vulgo ein Trampel, steckte hinter der Beleidigung. Im stillen Kämmerlein erhob ich Einspruch beim König. Er kalmierte mich und versprach, sich eines Tages über seinen Minister hinwegzusetzen. Ich ging nach London. Bei meiner ersten großen Soirée in der französischen Botschaft behelligte mich im Ballsaal, wo ich, der anmutigste Mann des Abends, die englischen Gäste voller Schwung lehrte, einen Cotillon zu tanzen, der größte Mann im Saal. Seine turmhohe Perücke fügte seiner Gestalt eine zweite Etage hinzu. In den wenigen Sekunden, in denen ich ihm, nachdem er aus dem Hintergrund in mein Blickfeld getreten war, mein Ohr lieh, plapperte er, meine gegenwärtige Stellung sei eine »Travestie«. Mehr konnte er nicht sagen – das Kompliment wurde ihm mit dem Hinauswurf vergolten. Etliche Stunden später erwartete er mich draußen im Dunkeln. Er folgte mir einige Schritte, bis ich den Degen zog. Er sprach über die stählerne Klinge hinweg und drängte mich in innig vertrautem französischem Dialekt, die Waffe zu senken. Auch er kam aus der Bourgogne. Er nannte sich schlicht »Morande«.

»Wir sind Brüder!«, flüsterte er und trat an mich heran, obwohl meine Degenspitze ihm schon in den rötlich weißen Rock drang. Er war aus dickem Stoff, sonst hätte ich ihn durchbohrt. Ich warf einen kurzen Blick auf seine karmesinrote Reithose und die Seidenstrümpfe über den Storchenbeinen. Dieser Mann konnte mir nicht gefährlich werden. Ich senkte den Degen. Wie sich zeigte, wusste er viel über mich. Es war sein Metier, Dinge über andere zu wissen.

Morande war, was Sie einen Gossenjournalisten nennen. In Ihrem bauchnabelbeschaulichen Jahrhundert könnte es Sie interessieren, dass er das Genre praktisch aus der Taufe gehoben hat. Gossen halten Städte und Häuser rein. Mit ihren Ergüssen über die Geheimnisse der Hautevolée schwemmen diese Tintenkleckser die Illusionen der Öffentlichkeit fort. Morande hatte bei seinem Tun allerdings keine Sozialhygiene im Sinn, sondern wollte Kasse machen. Er verwertete den Klatsch in Spottgeschichten, die er unter Pseudonymen in einem Boulevardblatt publizierte, das er eigens zu diesem Zweck gegründet hatte. Es hatte eine riesige Leserschaft. Er schrieb auf Französisch und für den Bedarf seiner französischen Landsleute, ließ das Blatt aber in England mit seinem liberalen Leumundsrecht drucken. Man konnte sogar den englischen König oder Angehörige seines Hofs beleidigen, ohne Konsequenzen fürchten zu müssen.

Am liebsten beleidigte Morande in aller Öffentlichkeit unseren eigenen Monarchen, Louis XV., aber nicht etwa, weil er einen Rochus auf ihn hatte. Ihm ging es nur um den Reibach. Er bezahlte Spione, die ihm Palasttratsch aus Versailles zutrugen, und beschäftigte einen Tross von Zwischenhändlern, die seine Postillen nach Frankreich schmuggelten, wo sie teuer gehandelt wurden. Bevor er die Skandalgeschichten in den Druck gab, bot er die verleumderischsten Passagen den Betroffenen an; wenn sie ihm noch mehr zahlten, unterließ er die Veröffentlichung. Die meisten zahlten.

»Ich verdiene mit meinen Sachen mehr als Voltaire und Marivaux zusammen!«, prahlte er, als wir gemeinsam weitergingen. Er war zu aufwendig gekleidet, um als elegant zu gelten, zu schrill für ein weltmännisches Auftreten und zu prahlsüchtig, um lange ernst genommen zu werden. Aber er bezauberte mich.

In den ersten Stunden unserer Bekanntschaft gab er meiner Zukunft eine neue Richtung. Mit einem Appell an meinen Stolz brachte er mich dazu, alles daran zu setzen, dass ich Botschafter auf Lebenszeit blieb. Er wusste, dass ich das Vertrauen Louis' XV. genoss und Zugang zur prall gefüllten Börse des Ständigen Botschafters hatte: Diese Mittel sollte ich unverzüglich abzweigen, statt auf die Ankunft des noch unernannten Vorgesetzten zu warten, der mich ersetzen würde. Gegenwärtig repräsentierte ich den König Frankreichs. Die Botschaft war kein Ort für Geheimverhandlungen egal welcher Art. Ich brauchte eine prachtvolle Privatresidenz, um Würdenträger zu empfangen. Und die dazu passende Garderobe.

Morande wartete mit einer praktischen Lösung auf. Ich sollte jeden Livre und jeden Sou aufzehren. Dann musste ich die Stellung aus finanziellen Gründen behalten.

Ich ließ mich breitschlagen und kaufte mir ohne viel Federlesens eine Pracht und Herrlichkeit, die mir bis dato nichts bedeutet hatte. Wäre das angemessen für Louis XV., fragte ich mich bei der Auswahl der Inneneinrichtung für ein Stadtpalais in Botschaftsnähe mit einer Remise und einem Vierspänner.

Heute können Sie mein Haus in Petty France, dem vornehmsten Teil von Westminster, so besichtigen, wie es mir in Erinnerung geblieben ist. Zwanzig große Kutschen können um den Platz vor meiner Tür herumrauschen. Das Hufeklappern und Räderknarren lässt die Vogelschwärme, die am Brunnen trinken, in die Luft emporflattern. Stabile schwarze Tür, kupferne Einfassungen, weiß behandschuhter Butler, nach Rosenwasser duftendes Entrée. Ein ausladender Treppenaufgang führt zum Herrenzimmer im ersten Stock, die Wände mit blauem Atlas ausgekleidet und goldenen Vögeln verziert. Der Kaminaufsatz mit geschnitztem Obst und Laub gleicht dem Schnitzwerk, das den Altar in der nahe gelegenen St. James's Church umgibt. Über diesem Kaminaufsatz können Sie in einem Eichenblattgewinde eine kreisförmige Einbuchtung und eine weiße Marmorbüste von Louis XV. erkennen, ein steingewordenes Gespenst. Die Pfeiler zwischen den hohen rechteckigen Fenstern werden von Spiegeln gesäumt, die bei Tag das Sonnenlicht und bei Nacht die brennenden Fackeln draußen widerspiegeln. Zierrat aus Kristall und Silber tupft alle Flächen.

An die eine Seite dieses Empfangssaals grenzt meine Bibliothek, meine berühmte Büchersammlung, die ebenfalls mit Staatsgeldern erworben wurde. Bitte nicht berühren. Bücher sind meine Heimat, und jedes von ihnen bietet mir unabhängig von Umständen und Stimmung sein eigenes Refugium. Wie gemütlich man sein Heim auch ausstatten mag, es bietet weniger Sicherheit als ein gutes Buch. Wenn Sie aus der Bibliothek in den Korridor zurückkehren, stoßen Sie auf ein ausgeklügeltes Wasserklosett mit drei breiten Sitzplätzen aus Mahagoni. Halten Sie sich nicht die Nase zu! Je nach Jahreszeit riecht es üppig nach Lavendel oder Kiefer, ein Duft, der allmorgendlich erneuert wird. Am oberen Ende einer steilen Treppenflucht liegt mein Ankleidezimmer, das an Pracht, mit seinen Ebenholzmöbeln, Spiegeln und schweren roten Damastvorhängen dem restlichen Haus gleicht. Mehrere Wandschränke beherbergen die Seiden- und Wollausstattung, die ein Londoner Gentleman braucht, um den Eindruck exquisiter Eleganz zu erwecken und keine ungebührliche Aufmerksamkeit auf sich zu ziehen.

Schauen Sie sich ruhig weiter um. Im hinteren Teil dieses Kleiderschranks lässt sich die Tür zu einem engen zweiten Schrank aufschieben, wo ich meine hübschen Kleider und Hausschuhe, Unterröcke, Seidenbänder und Schnürbrüste verwahre. Mein fabelhafter Kammerdiener James kümmert sich kommentarlos um beide Bereiche. Von Ihnen abgesehen, hat in dieser Zeit nur er Zugang zu meinem Schlafzimmer am Ende des Korridors, das am meisten über meine Person verrät. Es besteht aus einer harten Bretterpritsche, wie sie einem Soldaten ziemt, einer einfachen Wolldecke, einem Kamin und einer mit einem Bärenfell abgedeckten Holzlatrine. Der einzige Schmuck in diesem Zimmer ist ein schlichtes Kruzifix an der Wand, und als einziges weiteres Möbelstück steht mitten im Zimmer ein hölzernes Betpult, auf dem eine Taschenbibel, ein Spiegel und mein Gesichtspuder liegen.

So, jetzt haben Sie alles gesehen. Sie haben einen Blick in meine Seele erhascht. Sie können dann gehen. James wird Sie hinausgeleiten. Versuchen Sie nicht, sich sein Gesicht einzuprägen. Das wäre Intimitätserschleichung.

Ich bezahlte James aus eigener Tasche, gab ihm ein Zimmer hinter dem Treppenhaus und finanzierte ihm auch die rote Livrée mit dem grünen Innenfutter und der Weste. Manche Menschen mögen eine stumme und stupide Dienerschaft. Ich bevorzuge die geistvolle Sorte und war auf der Suche nach meinem James von Pontius zu Pilatus gelaufen. Seine normannische Mutter hatte dem Mischling Französisch beigebracht. Einmal war ich unerwartet nach Hause gekommen und fand ihn in meinem Lieblingssessel in der Bibliothek vor. Tief in seine Lektüre versunken, hatte er mein Kommen nicht gehört. Ich baute mich hinter ihm auf – er begann gerade mit dem Abschnitt, in dem der Pfarrer von Wakefield vom angeblichen Tod seiner Tochter erfährt. Seine Schultern bebten, möglich, dass er weinte. Ich ging auf Zehenspitzen wieder hinaus. Meinen Segen hatte er.

Mit Botschaftsmitteln stellte ich Köche, Lakaien, Portiers, Kutscher und Stallburschen ein und erwarb die erforderlichen Accessoires, darunter diamantene Manschettenknöpfe und Schnallenschuhe. Ich veranstaltete glanzvolle Soiréen, Bälle und Feste in der Botschaft und empfing Würdenträger in meinem Privatsalon. Die mächtigsten Männer und Frauen waren meine Gäste. Versailles mitten in London. Ich kredenzte meinen eigenen Wein. In einem Jahr kaufte ich 2800 Flaschen, um sie in London zu verteilen. Jedermann wusste, dass der Weißwein meiner Heimat Tonnerre zu den besten Weinen Frankreichs zählte. Morande wurde jedes Mal eingeladen.

Ich war damals noch keine vierzig Jahre alt, sehr jung für eine solche Stellung. Alle Welt wusste, dass die d'Éon-Beaumonts aus der Bourgogne, meine Familie, nicht dieselben waren wie die Beaumonts aus der Normandie. Die d'Éon-Beaumonts gehören zum niederen Adel, der für Versailles nicht gut genug war. Man sollte meinen, die beiden zusätzlichen Silben »d'Éon«, die da wie Hoden an ihrem Namen baumelten, hätten mehr aus ihnen gemacht, aber ohne sie wären wir herrliche Comtes gewesen. Weniger ist mehr. Manche Leute glauben, dasselbe gilt für das Geschlecht.

Als junger Aristokrat niederen Ranges, als bloßer Chevalier, musste ich wirklich brillieren. Und wie ich brillierte! George III. bewunderte meine Fähigkeit, mir bei jeder unserer Begegnungen ein neues Kompliment für ihn einfallen zu lassen, seine schüchterne Frau Charlotte und mich einte die Hochschätzung der Tugend, und schon bald ging das Gerücht, sie trüge mein Kind unter dem Herzen. Morande posaunte es natürlich herum, was meinen geheimnisvollen Nimbus noch verstärkte. Ich repräsentierte also nicht nur das Beste, was Frankreich zu bieten hatte, wozu auch die betörende Fama gehörte, der Geliebte der Königin zu sein, ich ließ Louis XV. auch Bulletins mit allem zukommen, was meine Gäste mir im Rausch erzählten. Die Schlafzimmer interessierten mich nicht, diese Weide konnte Morande abgrasen. Ich führte Buch über ministerielle Stellungen, politische Ambitionen, die Planungen der Militärs und die Finanzen des Staates. Diese Kommuniqués waren mein Geheimauftrag.

Die langen geselligen Abende waren das Opfer, das ich meiner Vaterlandsliebe brachte, denn in Wahrheit handelte ich am liebsten auf Papier.

Ich bin ein anerkannter Meister der *Ars dictaminis*. Lange Zeit wusste jedoch niemand, dass ich der vertrauenswürdigste Korrespondent von Louis XV. war. Er hatte eine wunderschöne Handschrift mit langen schmalen Unterlängen und kringeligen Tüpfelchen. Und er brachte stets seine Dankbarkeit zum Ausdruck und drängte mich, neue Recherchemöglichkeiten auszuloten. Wir erlitten eine katastrophale Niederlage, als Großbritannien La Nouvelle France einfach von der neuen Weltkarte wischte. Den König dürstete höchstpersönlich nach Rache; er plante eine Invasion Englands. Es war sein Wunsch, dass ich die britische Kriegsflotte und den Zustand der Häfen genau im Auge behielt. Die unbotmäßigen Siedler in den amerikanischen Kolonien lenkten die Briten ab, und wir warteten nur auf den günstigsten Augenblick, um zuzuschlagen. Louis XV. hatte allerdings auch Inlandsprobleme, die er mir anvertraute. Meine Briefe waren ihm Ergießungen einer reichen Brunnader von Witz und Zuversicht. Und eilends schrieb er mir dann zurück. Wenn ich seine Briefe las, hörte ich ihn immer sprechen, und seine Stimme klang, als hätte sie ein Leck wie ein rissiges Chalumeau. Einmal schrieb er mir: »Ich habe weniger Einfluss auf das Gesetz als ein Rechtsverdreher auf einen Richter und weniger Gewalt über meine Armeen als ein einfacher Oberst. Meine Geheimkommunikation mit Euch gibt mir ein bisschen Macht zurück.« Und er unterschrieb einfach mit »Louis«.

Ich fühlte mich in meiner Stellung sicher.

Wie ich unerwarteten Gefahren begegnete und auf unerwartete Weise mit ihnen fertigwurde

Wer je eine hohe Stellung bekleidet hat, ohne in sie hineingeboren worden zu sein, weiß, wie heimtückisch sich der Boden des Olymp für bloße Besucher erweisen kann. Ein kleiner Fehltritt, ein starker Gegenwind, und man purzelt wieder hinab. Louis XV. schätzte meine Berichte, aber seine Hofschranzen, die nichts von unserer Beziehung wussten, kritisierten schon bald die Selbstverständlichkeit, mit der ich die Botschafterstelle als mein dauerhaftes Eigentum ansah, und mehr noch, dass ich frei über Staatsgelder verfügte.

Leider Gottes wurde der König von Liebesdingen abgelenkt und vernachlässigte seine militärischen Ambitionen. Seine neidischen Minister übernahmen das Ruder. Als ich mein inzwischen drittes Jahr der Macht in London genoss und im Ruf eines Mannes stand, der auf äußerst entspannte Weise das Sagen hatte – schließlich wusste ich, dass man mir in jedem Saal den Weg freimachte und dass ich auch große Männer von oben herab behandeln konnte –, setzte ein einfacher Sekretär mich eines Tages darüber in Kenntnis, der König habe an meiner Stelle einen neuen und diesmal Ständigen Botschafter ernannt.

Ich sandte ihm umgehend meine Protestnote. Der König antwortete nicht. Als ich seine königliche Aufmerksamkeit mit einem verärgerten Brief endlich auf mich ziehen konnte, reagierte er optimistisch. Insgeheim solle ich für ihn weiterarbeiten, aber in der Öffentlichkeit müsse ich mich von meiner Stelle zurückziehen. Mir nichts, dir nichts. Natürlich konnte sich ein König die Tragweite einer solchen Entwicklung überhaupt nicht vorstellen, ergo tat er sie mit einem Achselzucken ab. Ich musste acht Angehörige meines Personals entlassen, und man erwartete von mir sogar, dem wahren Botschafter das Geld für die Möbel zurückzugeben, damit er sich eigene anschaffen konnte.

Das war aber noch nicht das Schlimmste. Der neue und wahre Botschafter war ein alter Idiot aus einem uralten Geschlecht, ein Graf, ein feistes Zipfelhirn, der kein Wort Englisch sprach und selbst dann keinen anständigen Satz herausbekam, wenn sein Leben davon abhing. Der Außenminister fürchtete seine Depeschen wie die Pest, weil er wusste, dass sie seinen Ruf und sein Werk beschädigen konnten. Ein Mann in einer ranghohen Position wird nicht nach seinen Leistungen beurteilt, sondern nach seinen Leistungsberichten; der Graf indes konnte nicht einmal schreiben. »Daran gibt es nichts zu deuteln«, lamentierte der Außenminister beim König. Der frisch Bestallte hatte sich aber als kriecherischer Tugendbold bei der allmächtigen Maitresse des Königs eingeschmeichelt, Madame Pompadour, er buckelte und hielt ihr Hündchen, wenn sie sich erleichtern musste. Sie war es, die über die englische Botschafterstelle entschied, und zwar nach dem Tonfall, in dem er »Ja« sagte, und sie informierte auch den Minister, der ihr gehorchen musste. Wird die Regierung in Ihren Tagen etwa nicht mehr von Flatteuren gelenkt? Ich wurde zum Sekretär und Adlatus von Graf Zipfelhirn und, schlimmer noch, zu seinem Sprachrohr degradiert. Ich musste meinen Schreibtisch aus dem großen Botschaftsbüro entfernen und im Korridor in eine Nische stellen lassen. Und Sie müssen sich vor Augen halten, dass ich bei dem Mann, für den ich arbeitete, hoch verschuldet war – das überstieg mein Demutsvermögen.

Auf Morandes Rat hin nahm ich meine Mahlzeiten weiterhin in der Botschaft ein, kam früh in den Speisesaal, setzte mich an den Kopf der Tafel, überprüfte die Gelassenheit meiner Gesichtszüge in der blank polierten Oberfläche, arrangierte die Spitzenserviette, handhabte Besteck und Weinglas mit gewandter Selbstsicherheit, war bemüht, die mir anhaftende Aura der Macht nicht zu verlieren, und rührte mich nicht von der Stelle, wenn Zipfelhirn angedackelt kam. Ich ließ mir keine Verärgerung anmerken. Ich begrüßte ihn freundlich und erkundigte mich nach seiner Gesundheit. Er war gezwungen, an der Längsseite Platz zu nehmen. Als der frustrierte Graf mir einen Brief des Außenministers überreichte, der mich unverzüglich nach Versailles zurückbeorderte, versetzte ich: »Ich befolge nur die Befehle meines Königs, nicht die seiner Minister«, und tat weiterhin so, als hätte ich das Sagen. Morande applaudierte und war sich meines Erfolgs sicher.

Ebenfalls auf Morandes Vorschlag hin – ich stand in seinem Bann, war gefesselt davon, wie er Worte schleudern konnte – beschrieb ich in zierlichen, poetischen Wendungen, wie ich die Fähigkeiten des neuen Botschafters einschätzte, und stellte diesen Berichten sowohl seine Briefe an mich gegenüber als auch die all der kleinen Jupiters in seinem Dunstkreis, die ihn eingesetzt hatten. Ihre eigenen Schreiben gaben aus erster Hand Auskunft darüber, wes Geistes Wickelkind die Autoren waren und über wie viel Esprit und Staatskunst sie geboten. Ich vertraute sie Morande im Entrée der Botschaft an, vor den Augen Zipfelhirns, der sein Tagwerk gerade beenden wollte und bemerkte: »Das wird eine finstere und stürmische Nacht«, und der dann, als er Morande sah, stehen blieb und sagte: »Ich dachte, jemand wie Ihr hätte einen Regenschirm dabei!«

Eine gehässige und alles andere als unbedarfte Äußerung, gab sie doch zu verstehen, Morande könne sich keine Kutsche leisten. Zipfelhirn war verschwunden, bevor Morande majestätisch seine herrschaftliche Equipage mit Familienwappen an der Wagentür besteigen konnte, während sich der Botschafter mit einer Mietdroschke begnügen musste. Trotz meiner Degradierung hatte ich meine Kalesche noch nicht preisgegeben, machte aber lieber einen belebenden Regenspaziergang, zumal Morande nicht angeboten hatte, mich in seinem Fuhrwerk nach Hause zu bringen. Allzu ungeduldig brannte er darauf, ans Drucken zu gehen, und beteuerte, bis zum Morgen wäre mein Dossier fertig.

Zu Hause zog ich mich in die Bibliothek zurück. Ich trug den goldenen Hausrock, den die Zarin mir in Sankt Petersburg geschenkt hatte und der eine genaue Nachbildung ihres eigenen war. Dieser Hausrock beschützte mich vor allen Kümmernissen. Ich setzte mich an den Kamin und vertiefte mich wieder einmal in Abaelards *Historia Calamitatum*. Sie ist bis auf den heutigen Tag mein Lieblingsbuch – die Leidensgeschichte eines denkenden

Menschen. Mein halbes Leben lang habe ich nicht begreifen können, welche Beweggründe Abaelard hatte, den Untergang zu riskieren, seinen engsten Freund zu hintergehen und seine Arbeit als Philosoph zu vernachlässigen, und all das nur, um mit einer närrischen jungen Frau im selben Zimmer sein zu können. Abaelard hielt sich nicht damit auf, seine Ekstase zu erklären, sondern ging einfach davon aus, seine Leserschaft würde ihn schon verstehen, wie sie ja auch Hunger und Kälte verstand. Von achtzehn bis vierundvierzig, sechsundzwanzig Jahre lang habe ich immer zum dritten Kapitel vorgeblättert, in dem der Held für seine Leidenschaft bestraft, von vier Männern festgehalten und entmannt wird. Ich fand immer, dass das Buch erst danach richtig interessant wird, wenn Abaelard sich mit dem Leben als Eunuch abfindet. Erst in meiner Lebensmitte sollte ich auf den Anfang des Buchs zurückkommen und daraus lernen.

Der Türklopfer zu später Stunde riss mich aus meiner ergötzlichen Lektüre. James war fort und sah nach einer mir unbekannten erkrankten Ehefrau, und ich musste selbst die Tür öffnen. Morandes riesige Erscheinung stand zerzaust und mit nackten Beinen im Platzregen. Er verlangte, ich solle ihm nach draußen folgen.

Dem gebieterischen Ton eines großgewachsenen Mannes konnte ich noch nie widerstehen. In Hausrock und -schuhen folgte ich ihm in den Wolkenbruch hinaus, wo er mir bedeutete, in seine Kutsche zu steigen. Das Luxusgefährt war ihm wichtiger als seine Kinder. Sie brauchten neue Schuhe, aber Papa sparte, um die erdrückende neue Radsteuer zahlen zu können. In meiner Überraschung vergaß ich nachzufragen, als er erklärte, er brauche mich bei sich zu Hause. Dorthin hatte er mich noch nie eingeladen. »Das ist keine Ehre, sondern ein Muss«, sagte er. »Gib mir deinen Rock, mir ist kalt.« Der Rock der Zarin war ihm in den Schultern viel zu eng, und ich hörte die Nähte krachen, aber sogar in der Dunkelheit musste ich zugeben, er stand ihm gut. Übergangslos fing er an, gegen die Arbeiter zu wettern, die allesamt faul und undankbar seien. Stumm und fügsam saß ich in meinem dünnen Hemd und der Kniehose da, lauschte dem Hufgetrappel der Pferde auf der Straße und dem Trommeln des Regens auf dem Dach. Als seine Tirade endlich versiegte, fragte ich: »Wo ist denn deine Hose geblieben?« Daraufhin zog er vom Leder, wie ich eine so »dämliche« Frage stellen könne, und zeigte schließlich auf das Häufchen in einer Ecke der Kutsche. »Da. Besudelt mit dem Blut meines Arbeiters. Er hat immerzu Fehler gemacht. Ich war so edelmütig, ihn bei seiner Bruchbude abzusetzen. Du wirst mir helfen müssen. Es ist übrigens dein Meisterwerk.« Wir waren angekommen. Morandes Haus gehörte zu den schmalen umgebauten Stallungen hinter dem Hanover Square. Kaum war die Haustür hinter uns ins Schloss gefallen, hielt er mir eine tintenbespritzte Druckerschürze hin und befahl: »Anziehen.«

Kein Wunder, dass er nie Gäste empfing; im Wohnzimmer stand seine große gusseiserne Druckerpresse. Seine zart gebaute Frau kehrte uns den Rücken zu und mühte sich an der Maschine ab, reinigte sie und bereitete alles vor. Druckertinte hat ihr eigenes Bouquet, verführerisch wie Galle, die mit verrottendem Wurzelwerk gemischt worden ist – ein öliger Sud aus Ruß, Terpentin und Walnussöl. Alle Flächen waren dem nötigen Zubehör vorbehalten. »Meine Frau erklärt dir alles«, erklärte

Morande. »Eine Lage hat sie schon gesetzt. Ich bin müde und muss schlafen. Außerdem sorgt das für deine Unsterblichkeit, nicht meine.«

Ich behielt die Frage für mich, woher die Blutergüsse in ihrem Gesicht und das blaue Auge stammten. Sie war schlicht gekleidet, trug einen braunen Wollkittel, und ihr blondes Haar türmte sich auf dem kleinen Kopf; eine kleine, sehr hübsche Frau, ein Landeskind der Bretagne, das nicht wie eine Kuh aussah. Sie schien von unverfälschter Fröhlichkeit und wandte sich über die Schulter an mich, während sie mit zwei schweren Kugeln hantierte, aus denen sie die Tinte auf den Druckstöcken verteilte. »Man braucht Augenmaß, das ich mitbringe, um die Tinte gleichmäßig einzuwalzen, man braucht Fingerfertigkeit, die ich mitbringe, um den Pressdeckel aufzusetzen, und Körperkräfte, um den Pressschwengel zu bedienen. Die Kräfte habe ich nicht!« Sie zeigte mir, wo ich mich hinstellen musste, um den schweren Hebel zu betätigen.

Danach blieb sie stumm und entzog sich stundenlang jedem Gespräch. Als wir fertig waren, dämmerte es, und meine Handflächen waren vom Pressschwengel geschunden. Sie erwies sich als ziemliche Draufgängerin, umarmte mich fest von hinten und meinte: »Na, das hat doch Spaß gemacht, oder?« Ein Baby fing an zu greinen, Kinder kreischten, und sie ließ mich los. Das Familienleben kann ein rauhes Gefängnis sein. Ich fragte Morande gar nicht erst, ob ich meinen Hausrock zurückhaben könne, da er darin ins Bett gegangen war und Rotwein auf ihm verschüttet hatte, und seine Frau berichtete, die Ärmel wären abgerissen.

Eine Woche später hatte Morande zehn Exemplare

meines Dossiers nach Frankreich geschmuggelt, wo Hunderte sie einander weitergaben. Der erwähnte Zirkel der Zipfelhirne konnte die eigenen Namen lesen und tobte.

Ich hatte keine Geheimnisse vor Seiner Majestät und sandte ihm persönlich eines meiner eigenen Exemplare mit dem Vorschlag, Versailles könne meine Schulden übernehmen. Die Minister brüllten zwar im Chor, ich müsse auf der Stelle nach Versailles zurückkehren, aber ich war mir absolut sicher, dass ich wegen meiner geheimen Beziehung zum König Erfolg haben würde. Und weil Morande mir versichert hatte, die Strategie, andere durch Druckwerke zu beschämen, könne ihr Ziel nicht verfehlen.

Wie mir der erste Verrat entging

Wer ist dieser Morande, werden Sie fragen, dem ich so verfallen bin? Als er mich in der Botschaft erstmals ansprach, nannte das Schlitzohr mich »Bruder«. Er hätte uns »Brüder der Feder« nennen können, aber das tat er nicht. Weniger ist mehr. Er konnte sich denken, was es mir bedeutete, einen Bruder zu haben. In der Bourgogne war allgemein bekannt, dass ich nur Schwestern hatte. Ich begnüge mich mit der Bemerkung, dass er mit dieser raffinierten Anrede Anspruch auf meine Zuneigung angemeldet hatte, die über etwaige Meinungsverschiedenheiten zwischen uns weit hinausging. Mit seinem Rat bewies er mir schon bald seine Loyalität. Und da er eilfertig davon ausging, das Revier meines Herzens befinde sich jetzt ebenso sicher in seinem Besitz wie seine grenzenlose Eigenliebe, behandelte er mich oft grausam. Ich hielt ihm auch die andere Wange hin.

Das taten alle, die ihn liebten. Manchen Menschen auf Erden ist es erwiesenermaßen gegeben, andere zu unterdrücken. Morande, der älteste Hengst im Stall eines sanften Richters in der Bourgogne mit guten Beziehungen, hatte seit seinem sechzehnten Lebensjahr jedes Gatter durchbrochen. Er schwängerte die Mädchen der Gegend, und wenn etwas für ihn dabei heraussprang – Bewunderung war gut, Geld war besser –, konnte er auch leidenschaftlich gerontophil werden. Er bezeichnete sich als Genie, und die Leichtgläubigen sahen ihn auch so. Sie versorgten ihn nur zu gern mit den Luxusgütern, die er sich nicht leisten konnte, und bewunderten seine Dichtkunst, deren Spitzenerzeugnisse nicht auf seinem Mist gewachsen waren, denn er spickte sein dürftiges Geversel mit Zeilen, die er in ausländischen Gedichten fand, übersetzte und als seine eigenen ausgab. Niemand merkte etwas, denn seine dichte blonde Mähne und die gemeißelten Gesichtszüge, seine vollkommen ebenmäßigen Zähne und seine schlanke Gestalt ließen jedermanns Fähigkeit zur Kritik dahinschmelzen. Aber das Alter schmückt einen Hengst nicht. Morande machte eine langsame Metamorphose durch, und mit fünfzig war er ein zahnloses Maultier. Er musste aus Frankreich fliehen und ließ sich in London nieder. Nur seine kluge Frau – die schlagfertiger und witziger war als er, sich von ihm aber beleidigen und manchmal auch schlagen ließ – hielt ihn immer noch für einen schmucken großen Dichter, auch als er dann keine Gedichte mehr schrieb. In Wahrheit hatte er ein herausragendes Talent, das uns beide in den Bann zog. Er war das brillanteste Klatschmaul, dem ich je begegnet bin. Seine Lebhaftigkeit, sein ansteckendes Wiehern, wenn er etwas sagte, was er selber lustig fand, und seine Angewohnheit, einem übermütig die abscheulichsten Privatissima aus seinem Leben anzuvertrauen, verleiteten andere dazu, ihm die ihren anzuvertrauen. Nach kürzester Zeit wusste er alles über jeden! Mit meiner Ausnahme. Ich ließ mir nichts aus der

Nase ziehen, spielte wohl mit und tat so, als wäre ich ihm auf den Leim gegangen, erzählte ihm aber nie etwas, was nicht längst allgemein bekannt gewesen wäre, und darin lag für uns beide die unerwartete und langfristige persönliche Herausforderung.

»Du musst mir alles über dich erzählen, damit ich dich beschützen kann«, bestürmte er mich und gab uneigennützige, selbstlose Neugier vor. Er hatte nicht die leiseste Ahnung, wie sich Selbstlosigkeit anfühlt. Wenn er einem Bettler einen Penny gab, erwartete er dafür eine Gegenleistung, mindestens eine himmlische Belohnung für seine Freigebigkeit.

»Bist du traurig?«, erkundigte er sich, wenn ich offenkundig große Sorgen hatte.

»Oh, durchaus nicht!«, antwortete ich.

Er war enttäuscht. Es mochte sein ehrlicher Wunsch sein, mir die Sorgen zu vertreiben, er würde sie seinem Magazin aber auch als Informationen über mich einverleiben. Bis auf James hatte ich jeden im Verdacht, Einzelheiten über mich zu sammeln. Ein solches Magazin konnte schnell zur Waffenkammer werden.

Ich gab meinem »Bruder« gegenüber garantiert niemals zu, dass ich in regelmäßigen Abständen von Teufeln heimgesucht wurde. Sie nahmen die Gestalt von Selbstzweifeln und Selbsthass an. Sie schlugen nur selten zu. Sie schlummerten in der Tiefe, bis etwas geschah, das sie weckte, dann aber erhoben sie sich und sorgten dafür, dass ich meine Persönlichkeit mit all ihren Ecken und Winkeln erst infrage stellte und dann als hassenswert verabscheute. Sie brachten mich in weit größere Gefahren als jedes feindliche Schwert. Wenn ich von ihnen zerrissen und in der Luft zerfetzt wurde, bewunderte ich andere unverhohlen mehr, als sie verdienten, ein Lakai kam mir groß, bildschön und glücklich vor; o wäre ich doch er! o wäre ich doch so normal! oder ein Morande mit liebender Ehefrau, die sich beschimpfen ließ, oder wäre ich doch seine Frau! Aber das ging nicht. Ich hatte gelernt, diesen Teufeln zu entkommen, indem ich still-hielt und mich in einen gefühllosen Stein verwandelte. Kein Wort kam mir mehr über die Lippen. Tagelang blieb ich im Bett, bis die Teufel gelangweilt abzogen. Was weit komplizierter war, als Morande mit seiner beschränkten Vorstellungskraft je hätte mutmaßen können. Zum Glück schauten die schrecklichen Besucher selten vorbei und auch nur in Augenblicken, in denen sie allenfalls mei-nem Stolz etwas anhaben konnten. Ich war schließlich ein kampferprobter Soldat.

In diesem Augenblick waren mein Stolz und meine Persönlichkeit in Gefahr.

Während uns der englische Liberalismus zu schreiben erlaubte, was immer wir wollten, und ein Franzose sich in London freimütig äußern durfte, konnte er von seinen Landsleuten gleichwohl nach Frankreich verschleppt und dort in die Bastille geworfen werden. Ein französischer Journalist, der Versailles in der freien englischen Presse verärgert hatte, wurde zu Tode gefoltert, sein Leichnam am schönsten Strand von Bournemouth vor aller Augen aufgebahrt. Man hatte ihm die bourbonische Lilie in die Stirn geschnitten, das Emblem des französischen Königs.

Morande selbst war aus zwei Gründen unantastbar. Erstens: Sein Vater war ein mächtiger Richter in Frank-reich, der der Monarchie immer den Rücken gestärkt hatte. Zweitens und wichtiger: Alle Welt wusste, dass seine ihm treu ergebene und von ihm verprügelte Ehefrau ganze Schatzkammern mit den vernichtendsten Informationen veröffentlichen würde, wenn Morande je ein Haar gekrümmt würde.

Ich selbst hielt mich für unantastbar, weil ich der Leibspion von Louis XV. war. Das war eine plausible Schlussfolgerung. Der König brauchte mich, und er brauchte mich bei guter Gesundheit, wenn er seinen Erzfeind Britannien im Auge behalten wollte.

Das sollte sich jedoch als Trugschluss erweisen. Kaum hatte Morande mich in die Kunst des öffentlichen Protests eingeführt, erhielt »Louis« mein gewagtes Dossier und reagierte auf meine jahrelangen treuen Dienste, indem er meine Loyalität von Grund auf infrage stellte. »Illoyalität mir gegenüber verdient den Tod!«, schrieb er.

Stellen Sie sich das vor. Sie sitzen in einem gemütlichen Sessel, und plötzlich werden Sie aus heiterem Himmel, ohne jede Vorwarnung, zu Boden geschleudert.

Wie ich die Mordanschläge
des Königs durchkreuzte

Ein Monsier Verchy wünscht Euch zu sprechen«, meldete James wenige Stunden, nachdem ich den formellen Avis meines Königs geöffnet hatte, dass mein Schicksal besiegelt sei. Verchy behauptete, im Auftrag des Außenministers zu kommen, also empfing ich ihn, auch wenn mich sein niederer Stand stutzig machte. Der Abgesandte eines Aristokraten muss selber der Aristokratie angehören, so wie Kinderfrauen adliger Kinder dem Adel angehören müssen. Monsieur Verchy sprach wie ein Lohnarbeiter. Er war rundlich und sein Gesicht schweißbedeckt und bleich, als James ihn in meinen Salon führte. Er stand vor mir und verströmte den bitteren Geruch der Angst. Ich kehrte ihm einen Augenblick den Rücken zu, griff nach einem Säbel auf dem Kaminsims, hielt ihn ihm unters Kinn und nahm ihm eine Pistole ab.

Glauben Sie mir, die Gefühle, die ein Auftragsmörder in Ihnen erweckt, vergessen Sie nicht so leicht. Das flüchtige Erschrecken lässt sich überwinden, aber der Stolz bleibt angeknackst. Sie brauchen ein Dutzend Freunde, die Sie lieben und bewundern, um wiedergutzumachen, dass ein einziger Mensch Sie hasst und verachtet. Doch wenn Ihr König Ihren Tod wünscht, brauchen Sie tausend Menschen, die Ihnen das Leben wünschen. Meine Hände zitterten, als ich meinem gescheiterten Attentäter ins Auge sah. Das hatten sie noch nie getan. Und wie zum Hohn war Monsieur Verchy ein erbärmlicher Meuchelmörder. Er faselte und quengelte und gestand, der König hätte ihn für die Aufgabe ausgesucht, nachdem Madame Verchy, die die Nachttöpfe Seiner Majestät leerte, nach einer halben Stunde im königlichen Bett darum gebettelt hatte, ihr Mann möge eine heldenhafte Mission erhalten, für deren Erfüllung man ihn bei Hofe salben werde. Ich ließ dem Mann eine heiße Schokolade und Butterkekse geben und riet ihm, in England zu bleiben. Er könne hier eine bessere Frau finden. Nachdem er gegangen war – und meine Hände dermaßen zitterten, dass ich sie mit Cognac bändigen musste –, zündete ich mir eine Zigarre an und schrieb dem König: »Ich habe zu Hause nicht weniger als acht türkische Säbel, vier Pistolen und zwei türkische Gewehre. Ich werde nicht zögern, sie gegen jeden zu richten, der mich der Illoyalität meinem König gegenüber bezichtigt. Ihr seid Gerüchten aufgesessen. Ihr solltet die Minister hinrichten lassen, die sie Euch zu Ohren bringen!«

Wie oft hatte ich nicht mein Leben für meinen König in die Schanze geschlagen. Im Schlachtgetümmel war ich mir oft mit den Händen von den Schultern über den straffen Bauch bis zu den weichen Lenden gefahren und hatte mir geschworen: »Das werden wir überstehen!« Mein Leib hatte überlebt. Und jetzt wollte mein König persönlich ihn zerstören. Wieder und wieder las ich seine lieblosen Zeilen und meine tapfere Antwort, fühlte mich vom Schicksal im Stich gelassen, konnte meinen

Verstand nicht mehr beherrschen, riss mir den Kragen auf, tastete mir den Hals ab, schluckte, um meinen kleinen Adamsapfel zu finden, und drückte mir dort die glühende Zigarre in die zarte Haut.

Der Schmerz und der Gestank halfen. James stürzte herein und half ebenfalls. Er legte mir heilende Umschläge an und versuchte nicht, mich zum Sprechen zu bringen. Als er meinen Hals verarztet hatte, holte er das Brechwurztonikum. Ich brachte einen Löffel davon herunter, ein dermaßen bitteres Gebräu, dass es mich durchschauerte, doch es wirkte so schnell, dass das Erschauern in tiefen Heilschlaf überging. Am nächsten Morgen erwachte ich voll bekleidet auf meinem harten Bett. James schlief neben mir auf dem Fußboden. Ein durch und durch anständiger Kerl. Ich verbrachte den Tag mit Fasten und Beten und verständigte dann einen Schreiberling über den Sachverhalt.

Er hatte Nachrichtenwert. Und Morande sollte recht behalten: Die Presse wurde mein Verbündeter und brachte alles, was ich ihr erzählte, auch dass vierundzwanzig französische Polizisten hinter ebenso vielen Büschen lauerten, als ich im Spätwinter meinen Sonntagsspaziergang durch Kensington Gardens machte. Die Unholde wollten mich schnappen, auf das in Gravesend wartende Schiff verschleppen und nach Frankreich zurückschaffen. An besagtem Sonntag hatte jedoch Queen Charlotte beschlossen, mich auf meinem Ausflug zu begleiten. Sie fand Vergnügen an meiner Konversation und den Beschreibungen meiner vielen Abenteuer »mit einem Blick für Einzelheiten, wie die Frauen ihn mitbringen!« Sie war ganz in Mauvetönen gekleidet und wurde anstandshalber von etlichen ihrer Söhne begleitet, die höchst begierig waren, von meinen jüngsten Strapazen zu hören. Sie waren so hingerissen, dass ihnen (ebenso wie den Königlichen Wachen) die Menschenräuber entgingen, die im blattlosen Gebüsch lauerten und mich wie aufgeschmissene Wölfe anfunkelten. Am nächsten Morgen legte James mir dann die Zeitungen hin, jede auf der entscheidenden Seite aufgeschlagen: Wie meine Promenade mit der Queen um ein Haar von französischen, von Louis XV. gedungenen Rohlingen gestört worden wäre. Karikaturen des Geschehens schmückten die Berichte. Der *Extraordinary Intelligencer* prangerte das Komplott als »Verschwörung gegen all unsere Gesetze und Freiheiten!« an. Der *Public Advertiser* stellte Britanniens Freiheit Frankreichs Knechtschaft und Zerfall gegenüber. Die *St. James's Chronicle* schrieb: »Wir bangen um den Knight d'Éon – wie wir erfahren, soll dieser Verteidiger der Freiheit nach Frankreich hinübergeschafft werden!« Ich bat die Queen um Entschuldigung, weil unser Spaziergang so ungebührliche Aufmerksamkeit auf sich zog, aber sie war dergleichen gewohnt. Und sie hoffte, der König von Frankreich werde bald Raison annehmen.

Morande sagte: »Siehst du, ein Knight kann einen König bändigen. Aber wichtiger ist: Wir müssen die englische Öffentlichkeit dazu bringen, sich schützend vor dich zu stellen. Du musst dich direkt an sie wenden!«

Ich stimmte ihm zu. Ich war ihm dankbar. Ich hatte seine Loyalität unterschätzt. Ich schrieb dem englischen Volk einen Liebesbrief. Er war lapidar, ich bestätigte einfach meine Zuneigung – ja sogar meine Bewunderung Englands, des Königs und der Queen von England sowie meine Ablehnung, Albion zu verlassen. Ich gab meinen Wunsch kund, als Engländer alt zu werden.

Am Tag, nachdem Morande meinen Brief gedruckt und verbreitet hatte, wurde ich in ganz England gefeiert. Das Wort »Knight« wurde durch »Chevalier« ersetzt, und selbst ein Stallbursche konnte »d'Éon« buchstabieren. Fremde lächelten mich an oder blieben vor meinem Haus stehen, um sich an die Hutkrempe zu tippen oder einen Knicks zu machen. Ich wurde geliebt und konnte den Hass verkraften. Als ich mich wieder meinem Arbeitsalltag widmen wollte, prallte ich auf einem Flur der Botschaft mit meinem Erzfeind Zipfelhirn zusammen.

Ein Leiterwagen, der mit einem Kinderwagen zusammenstößt, hätte dieselbe Wirkung gehabt; ich wurde auf den Marmorboden geschleudert. Er baute sich über mir auf, aber statt mir mit einem Degen den Gnadenstoß zu versetzen, reichte er mir die Hand und half mir hoch. Stellen Sie sich meine Erschütterung vor. Stellen Sie sich meinen Verdruss über seine Freundlichkeit vor. »Wie unaufmerksam von mir. Wie geht es Euch, kleiner d'Éon« und so weiter. »Sintfluten in Paris letzte Woche, schon gehört?« Ich richtete mich auf, erwiderte, das Wetter in Paris interessiere mich nicht, aber bevor ich noch hinzufügen konnte, »weil ich nicht nach Paris zurückkehre«, antwortete er: »Natürlich nicht!«

Er lud mich in mein ehemaliges, jetzt von ihm in Besitz genommenes Studierzimmer ein, um sein neu erworbenes Priestleys Sodawasser zu kosten: »Ein famoses Gebräu!« Und dann: »Trinken wir auf den Frieden zwischen uns.« Sein riesiges Kaninchengesicht strahlte Hoffnung aus.

Das Sodawasser perlte im Glas wie angeregter Champagner und schmeckte leicht bitter. Das Zimmer stank nach Bergamotte-Essenz; man munkelte, er verabreiche sich selber parfumierte Einläufe, wie es damals Mode war. Ich leerte mein Glas, schüttelte ihm pflichtbewusst die Hand und empfahl mich, weil mir plötzlich unwohl war. Vielleicht lag es an dem Gedanken, wo die Bergamotte gewesen war, bevor sie mir in die Nase stieg, vielleicht an der Zweckentfremdung meines Studierzimmers in der Botschaft, jedenfalls wollte alles, was ich in mir hatte, wieder heraus. Mein Körper zeigte Schwächen, und für mich war es ausgemachte Sache, dass Zipfelhirn mich hatte vergiften wollen.

Aus der Distanz der Jahrhunderte betrachtet, weiß ich heute, dass der Ständige Botschafter ganz arglos versuchte, Wiedergutmachung zu leisten und sich mit mir anzufreunden, indem er seinen kostbaren Schatz mit mir teilte. Aber selbst wenn ich ihm ein solches Motiv zu jener Zeit hätte glauben können, mein verletzter Stolz hätte mich so geblendet, dass ich ihm dennoch mit Vorwürfen gekommen wäre, und sei es nur, weil er sich mit dem Affront arrangiert hatte, mein Vorgesetzter zu sein.

Ich verklagte ihn offiziell wegen Körperverletzung, sowohl des angeblichen Vergiftungsversuchs als auch des vorangegangenen Anschlags auf mein Leben, den in Wahrheit Louis XV. persönlich in die Wege geleitet hatte. Den bleichen Wicht Verchy, der mir inzwischen aus der Hand fraß, ließ ich die eidesstattliche Erklärung aufsetzen, Zipfelhirn hätte ihn insgeheim verleitet und ihm die Pistole besorgt. Dieses Dokument legte ich einem Geschworenengericht vor. Aber ich fühlte mich von meinen eigenen Lügen verunglimpft, und – was schwerer wog – Zipfelhirn tat mir leid, weil er mir nicht gewachsen war.

Ich verließ London während des Gerichtsverfahrens.

Wie ich mich in den Armen der Ehe eines anderen erholte

Während meiner ersten Zeit in London hatte ich mich nicht nur mit Morande angefreundet, bei dem ich mein kindliches, spielerisches Selbst auslebte, sondern auch mit einem schon älteren Admiral und seiner Frau, bei denen ich mein ehrbares Selbst sein konnte. In den Perioden des Selbsthasses war der ruhige Landsitz des kinderlosen Paars meine Zuflucht. Der Admiral, ein bedeutender Lord und alter Brummbär mit unzeitgemäßer Garderobe und verwildertem Backenbart, hatte mit neumodischen Dingen nichts im Sinn. Dass er mich mochte, erwuchs mehr aus Respekt vor meinem Charakter als aus meinem äußeren Erscheinungsbild oder meinen Fähigkeiten. Er sagte gern: »Ihr seid ein guter Mann, d'Éon. Anders als mein Neffe. Ich betrachte Euch als meinen Sohn.« Sein Neffe würde den Landsitz eines Tages erben, so sehr sein Onkel ihn auch verachtete. Das war die gottgegebene Ordnung der Dinge, und ich hatte nie etwas anderes erwartet. Trotz seines immensen Reichtums missbrauchte ich auch nicht die Großzügigkeit meines Wohltäters — einmal in der Woche brachte James meine Post und allerlei Leckerbissen, sodass die

Speisekammer immer gut gefüllt war, um meinen gesegneten Appetit zu befriedigen, und meine Gastgeber genossen meine Gesellschaft nur umso mehr. Ich hatte dort ein schönes Zimmer mit einem sehr weich gefederten Bett und einem Diener, der seine vielen Schichten jeden Morgen lüftete.

Lord X war ein Bücherwurm und ein begeisterter Cribbage-Spieler, er war übertrieben großzügig und schenkte dem Geld keine besondere Beachtung; diese öden Angelegenheiten überließ er seiner zierlichen, sehr viel jüngeren und tatkräftigen Frau, die Geldsummen auf dem Papier verschob, als handelte es sich bei der Wirtschaft ihres Haushalts um eine faszinierende Schachpartie. Der Lord und seine Lady Catherine fanden mich amüsant, ich war eine Orchidee im Gärtchen ihrer Freunde. Sie wussten um meine geistige Zartheit, als niemand sonst sie kannte oder sich darum bekümmerte. Sie konnten mich unbehelligt lassen, wenn ich abwehrend verstummte, ließen mich aber ihre besonnenen Stimmen im Hintergrund hören, bis mein natürlicher Frohsinn wieder die Oberhand gewann und ich mich für eine Partie Cribbage zum Lord gesellen konnte oder wir einfach lesend beieinandersaßen, jeder mit seinem Buch, ob im Garten oder am Kamin.

Es war einmal vor langer Zeit, da hatten Lord X und seine Lady den Heiratsgeboten ihrer Familien gehorcht, sie lebten vergnügt und kinderlos bis an ihr seliges Ende, erfreuten sich eindeutig ihrer Gemeinschaft und behandelten einander mit größtem Respekt. Lord X war bewusst, dass er »entgegen aller Wahrscheinlichkeit großes Glück« gehabt hatte. Er zitierte gern Abaelard: »Halte Dir vor Augen, dass Sokrates verheiratet war. Wie tief war sein Fall! Als erster musste er für diese Schande der Philosophie, die Ehe, büßen, damit andere durch sein Beispiel vorsichtiger würden!« Und dann sah er zum Himmel auf und sagte: »Ich danke Dir, HErr, für Deine Gnade.« Lady Catherine lächelte liebenswürdig und fügte hinzu: »Amen.«

Ich enthüllte ihnen nie etwas über mich, das über das Offensichtliche hinausging, und sie fragten auch nie, ein Markenzeichen der Aristokratie. Nur ein einziges Mal sprach ich über mich. »Das Zölibat macht einen nicht weniger zum Mann oder zur Frau. Mit Verlaub, ich wage zu sagen, dass es mich erhöht hat. Ich bin ein Sinnenmensch, der sich für ein Leben über dem banalen Getümmel entschieden hat.«

»Blitze schlagen bevorzugt in Erhöhungen ein«, warnte mich Lord X.

Lady Catherine kam mit dem Tee herein – kürzlich hatte sie ein Hausmädchen beim Teetrinken ertappt, und aus Sparsamkeitsgründen sperrte sie den Tee seither weg und setzte ihn selber auf. Sie stellte die Kanne ab und bemerkte: »Unserem Chevalier ist die Beschämung, sich zu verlieben, ein Leben lang erspart geblieben?« Sie füllte unsere Tassen und murmelte: »Wenn Männer jemand Neues kennenlernen, fiebern sie vor Illusionen, schwitzen, bekommen einen roten Kopf und werden schwatzhaft, sie schwanken heim und drücken ihre Betten nieder. Am Tag darauf sind sie schwach und dumm!«

Lord X lehnte sich in seinem Sessel zurück und applaudierte. Ausdruckslos hielt sie uns die Zuckerdose hin und wandte sich dann direkt an ihren Mann: »Und kaum haben manche Männer sich erholt, setzen sie alles daran, sich aufs Neue zu verlieben. Sie suchen die romantische Ekstase ... als wäre sie ein Elixier, das noch das düsterste Dasein lebenswert machte.«

Er warf ein: »Genau, als ließen sich einer Geige durch Hineinpissen Töne entlocken.« Die unvermutete Vulgarität ließ mich hochfahren. Anstößige Rede verwendete ich in keiner meiner Rollen.

Die Lady bemerkte mein Unbehagen, lächelte ihm zu und ging.

Lord X ahnte nichts von meiner leichtfertigen Ader, dass ich ein vollendeter Tänzer war und mich gehen lassen konnte, nach Bedarf meine Röcke lüpfte oder eine Zigarre rauchte, und dass mein Auftreten wie auch mein augenscheinlicher Wohlstand gelegentlich die Frage einer Heirat aufs Tapet brachte, mittels deren sich eine Freundschaft untermauern oder politischer Einfluss erwerben ließ. Bei der leisesten Andeutung war ich verschwunden – der Dragonerhauptmann, dessen Geist plötzlich Panik erfüllte und der wie ein Kaninchen Haken schlug, für gewöhnlich in Richtung von Lord X, bei dem ich auch ohne Brechwurztonikum Ruhe fand. Und Lord X ahnte auch nicht, dass ich am Spätvormittag, wenn Lady Catherine und er ihren täglichen Spaziergang oder Ausritt machten und die Dienstboten ihren jeweiligen Verpflichtungen nachgingen, manchmal an ihrem kleinen Sekretär Platz nahm. Dort öffnete ich ein spezielles Mäppchen mit Post, die James für mich sammelte, und versetzte mich in die Gemütsverfassung, die es brauchte, um die Schreiben meiner Brieffreundinnen zu beantworten, die mich zumeist als Demoiselle in Sankt Petersburg kennengelernt hatten. Ich benutzte Catherines Tinte und ihre Federkiele, stellte mir vor, ich trüge einen ihrer schlichten Gärtnerkittel, die beengte Brust und die Taille wie Hände, die mich ohne Druck umfingen, und den anregenden Wirbel der Röcke. Sie hatte mehr Esprit als ihr Mann.

Falls Sie sich gewundert haben: Lord X hat mich um Anonymität gebeten. Morande aalt sich in seinem schlechten Ruf und ist stets von Nachruhm ausgegangen; sein Name muss genannt werden. Ich muss meine Aufmerksamkeit wieder ihm zuwenden.

Wie ich meine Weiblichkeit bekannte

Nachdem das Geschworenengericht meine Klage wegen Mordversuchs als rechtens anerkannt hatte, wurde ich zusammen mit meinem Vorgesetzten, dem »Ständigen« Botschafter, vor Gericht geladen. Er war der Beschuldigte, ich der Kläger. Der Richter hielt uns auf Abstand, den fülligen, japsenden, alten Franzosen und den schlanken, leisen, eindringlichen, goldlockigen jungen Englandfreund. Die Geschworenen waren hingerissen, und der heiße und stinkende Gerichtssaal war voll bis unters Dach. Zu meiner Zeit in London dauerten die meisten Gerichtsverfahren keine zehn Minuten, die Geschworenen erledigten sie hintereinander weg und gaben die Liste der von ihnen gesprochenen Urteile am Ende eines langen Tages bekannt. Bei meinem Fall kam es zu zwei Stunden besten Theaters mit zwei Schauspielern. Ich war natürlich der Hauptdarsteller, ein Ausländer, der das Heilige Britische Weltreich bewunderte. Der schurkische Botschafter sprach kaum ein Wort Englisch, vergaß ständig, wo er war, und beschimpfte mich in grässlichem Elsässisch, seiner Muttersprache. Es war durchaus erheiternd, auch wenn die Klage schlussendlich abgewiesen wurde, weil man allgemein vermutete, dass das neue Sprudelwasser abführend wirkte. Bevor er ging, unterschrieb Zipfelhirn Dokumente, mit denen er eine Beleidigungsklage gegen mich anstrengte.

Darauf war ich juristisch nicht vorbereitet. Und es würde bestimmt zu weiteren Mordversuchen kommen.

Dass Morande mir Löcher in den Bauch fragte, Antworten erwartete und Bestätigung suchte, leuchtete mir plötzlich ein. Ja, er wollte mich beschützen, indem er »die Wahrheit« über mich herausfand. Er hatte absolut recht. Ich musste in der Öffentlichkeit Zuflucht suchen.

In aller Eile schrieb ich einen – diesmal unsignierten – Artikel und enthüllte, dass »Yeux d'Ange« beziehungsweise der Chevalier d'Éon in Sankt Petersburg einst als Frau verkleidet für den König von Frankreich gearbeitet hatte.

Ich würzte den Beitrag mit ein paar Rätseln – was war ich nun, eine kräftige Frau oder ein mysteriöser Mann? Diese blonden Locken – welches Geschlecht hatte so dichtes Haar? Das Rätselbröckchen, eine Andeutung, wurde vom leidenschaftlichen Interesse der Londoner an sexuellen Abartigkeiten genährt. Binnen weniger Stunden schwoll es zu beschwingter Enormität an und durchschwebte alle Gespräche, bis bei Einbruch der Nacht Krethi und Plethi davon gehört hatten. Sie waren fasziniert – war d'Éon ein Mann oder eine Frau? Zwei Tage später sammelten sich vor meinem Haus die Menschenmengen, um flüchtige Blicke auf mich zu erhaschen.

Je mehr, desto besser, und umso größere Sicherheit. James erstattete mir Bericht: In diversen Herrenclubs wurden erste öffentliche Wetten auf mein Geschlecht platziert. Junge Männer konnten ein Vermögen verlieren.

43

»W. Hanger wettet mit Mr Fox um fünfzig Guineen, dass Mr Fox vor Mr Hanger an der Gicht erkrankt«, sorgte kaum für Beteiligung.

»Mr Boothby wettet 25 Guineen zu 20, dass Mademoiselle Heinel nächsten Monat nicht in der Englischen Oper tanzen wird«, bekam schon mehr.

Meine begann, wenn man so will, mit 90 Guineen zu 10, dass ich ein Mann war. Natürlich: ein Mann. Das war nur vernünftig. Vorsicht vor meinem Degen!

Morande drängte durch die Menge, um mir die aktuellen Wettquoten zu melden. Alle Zeitungen brachten die Sensation. Die Menge würde sich garantiert erneut vor dem Gericht formieren und den Gerichtssaal bis zum letzten Platz füllen. Wenn ich den Fall verlor, was ja nicht zu vermeiden war, wie ich wusste, würden die Leute johlen. Sie würden mich auf den Schultern tragen. Ein englischer Patriot musste um GOttes willen beschützt werden! Allein die Möglichkeit, so unwahrscheinlich sie auch sein mochte, dass ich eine Frau war, steigerte nur meine Attraktivität als Mann. Die Polizei würde mich allerdings aus dem schützenden Kordon herauszerren und ins Gefängnis werfen. Ich musste fliehen.

In der Nacht vor dem Prozess zog der Pöbel zum Haus des Botschafters und warf ihm mit Steinen die Vorderfenster ein. Das Splittern der Scheiben war in ganz Westminster und sogar am anderen Themseufer zu hören. Zipfelhirn konnte sein Haus verlassen, aber man folgte seiner Kutsche zur Botschaft und warf auch dort die Vorderfenster ein.

Am selben Abend empfing ich einen Brief von Lord X. Sonst ahmte er gern die blumige und pastose Druckschrift von Samuel Johnson nach, aber dies war in aller

Eile und in federweicher Handschrift aufs Blatt geworfen worden. Der Zeitungsartikel über meine Weiblichkeit war offenkundig bis auf seinen Landsitz vorgedrungen. Seine Reaktion darauf erstaunte mich – er schickte nicht die Schmähung, die ich erwartet hatte, sondern eine Bekundung der Liebe und Bewunderung sowie den Wunsch, mich nicht im Gefängnis besuchen zu müssen. »Beeilt Euch!«, schrieb er. Bei Nacht und Nebel kehrte ich auf den Landsitz zurück, wo mich der würdige alte Herr im Nachthemd mit den Worten willkommen hieß: »D'Éon, ich weiß, dass Ihr ein guter Mann seid. Wir werden diese Angelegenheit mit keinem Wort erörtern.« Er umarmte mich noch im Entrée auf zärtliche Weise, sein Atem versengte mir den Nacken, und seine Hände umschlossen meine Pobacken. Frauen kennen das Gefühl nur zu gut, wenn Asterias Scheusal Verschlingungslust zeigt, aber der Anstand zügelt ihr Entsetzen. Lord X verkannte mein Erschauern, sah mir in die Augen wie in einen Spiegel, seufzte, bedauerte die Richtung, in die sein Gewissen seinen Körper zwang – und dieser wandte sich ab. Er wollte noch einen Kurswechsel einleiten, aber auf halber Strecke des Schlingermanövers streifte sein ausladendes Gesäß einen Armleuchter auf einem Tischchen, der Läufer im Entrée geriet in Brand, und dankbar für die göttliche Intervention stob ich davon, um einen Kübel Wasser zu holen.

Beim Frühstück lachten wir alle drei über mein tolpatschiges Umwerfen der Kerzen bei Betreten des Hauses. Mehr gab es dazu nicht zu sagen. Ich blieb bei Lord X und seiner Frau in sicherem Unterschlupf, und nach und nach verblasste die Erinnerung an Lord X' übergriffige Hände auf meinem Körper; eben erst sind sie mir wieder eingefallen. Bis auf den heutigen Tag weiß ich nicht, ob man vergibt, was man vergisst, oder ob man vergisst, was man vergibt. Lord X verbot jedenfalls alle Zeitungen im Haus, bis »dieser Unsinn« verraucht war und hielt einen Sicherheitsabstand zu mir ein. Beim Prozess erschien ich nicht in London, was als Missachtung des Gerichts gewertet und weswegen ich schuldig gesprochen wurde.

Ein Haftbefehl wurde ausgestellt. Ich blieb zuversichtlich. »Schuld ist Geschmackssache«, sagte Lord X. Und bis auf James, der einem Polizeiaufgebot gestattete, mein Londoner Stadtpalais zu durchsuchen, wusste niemand, wo ich mich aufhielt. Nach kurzer Zeit stahlen die Beamten sich wieder davon und wurden von der Menge verhöhnt. James trotzte einem Frühlingssturm und schaute unerwartet vorbei, um »eine Freudenbotschaft« zu überbringen. Seine graue Perücke war pitschnass und vielleicht ruiniert, und als er sie abnahm, sah ich seinen sorgfältig geschorenen Schädel. Ich bat ihn in die Küche, damit er sich am Ofen aufwärmen könne, aber er weigerte sich, den Rock abzulegen, und aus den grünen Manschetten und dem Rocksaum troff es auf den Boden. Ein Koch reichte ihm ein Trockentuch, und er tupfte sich Augen und Hände ab. Sein Gesicht verblüffte mich; ich hatte ihn noch nie lächeln sehen und nicht gewusst, dass er ein vollständiges Gebiss im Mund hatte. Er sprach mit unterdrückter Stimme – nachdem die Londoner Polizei keine Spur von mir hatte ausmachen können, waren die Wetten auf meine Geschlechtszugehörigkeit annulliert worden. Ich versuchte, sein Lächeln zu erwidern. Er verbeugte sich, lehnte alle angebotene Verpflegung ab und begab sich wieder in den Sturm hinaus.

Die Tage vergingen, und meine Gedanken gerieten

ins Grau. Ich konnte meiner Gemütslage keine Diagnose stellen. Nachts nahmen die Schmerzen zu. Dass Tausende aus dem sicheren Abstand der Anonymität vom Geschlecht eines Menschen Notiz nehmen, ist eine Ehre, die den wenigsten zuteilwird. Ich hatte die Aufmerksamkeit genossen. Ihr Nachlassen war eine herbe Enttäuschung. Ich blies Trübsal.

Zwei Wochen später stattete James uns – bei schönem Wetter – den nächsten Besuch ab. Gab es diesmal schlechte Neuigkeiten? Ich gab vor, mich mehr für sein durstiges Pferd zu interessieren. Wir warteten darauf, dass der Stalljunge einen Kübel Wasser brachte. »Ist warm heute«, sagte er, wühlte in seinem Tornister und reichte mir als Erstes ein offizielles Dokument. Zögerlich erbrach ich das Siegel. »Großartige Nachrichten, James«, beruhigte ich ihn. »Der Haftbefehl gegen mich ist außer Kraft gesetzt worden. Mein König ist offenbar zur Vernunft gekommen und hat Zipfelhirn dazu verdonnert, seine Klage zurückzuziehen.«

»Da wäre noch einer«, murmelte James. Er reichte mir ein versiegeltes Pergament mit dem Petschaft von Versailles. Ich wandte mich ab, um mit Louis' Brief allein zu sein. In ihm lag meine Zukunft. Nach den Qualen, die ich durchgemacht hatte, strahlte sie förmlich, fand ich. Der Brief enthielt den liebevoll quengelnden Wunsch, ich möge das Zusenden meiner Geheimberichte wieder aufnehmen; der Verfasser tat so, als wäre nichts zwischen uns vorgefallen. Er hatte Zipfelhirn nach Paris abberufen.

Ich musste ihm keine neuen Möbel mehr kaufen.

Ich wandte mich wieder James zu und rief: »Ich glaube, ich habe meine Stelle zurück!« Ich konnte den Drang, meinen Butler zu umarmen, kaum unterdrücken und lief stattdessen in die Kapelle des Landsitzes und dankte meinem Erlöser mit einer Stunde intensiven Betens.

Ich ahnte nicht, dass mir jetzt die größte Hürde meines Lebens bevorstand.

Wie Pierre Caron dit »de Beaumarchais«
Teil meiner Geschichte wurde

Mit der Unschuld eines Lamms, das über eine Früh-
lingsweide tollt, kehrte ich nach London zurück.
Ich plante verschiedene Großereignisse, darunter mindestens einen Ball pro Woche. James konnte für mein
Privathaus neue Dienerschaft einstellen. Am folgenden
Tag legte er mir meinen mit goldenen Blümchen bestickten grünen Brokatrock bereit, meine geklöppelte Hals-
binde, meine spitzesten Schuhe mit hohen Absätzen
und meinen kostbarsten Degen. Ich erlaubte mir, mich
wieder sehr männlich zu fühlen; das Lamm und die emp-
findsame Frau in mir wurden von einem siegreichen General verdrängt. Ich stolzierte zur Botschaft, die Bäume
winkten mir mit ihren Zweigen zu, die Vögel tirilierten,
und auf einmal sprang auch die Sonne hinter den Wol-
ken hervor. Mein ehemaliges Büro würde keinerlei Spuren meines albernen Rivalen mehr aufweisen.

Ein Schock: Über Nacht musste jemand anders ein-
gezogen sein, von allen Wänden starrten mich Familien-
portraits an, und auf dem Tisch des Botschafters lag ein
mir unbekannter Säbel. Mein Herz hämmerte seinen Einspruch. Eine sanfte Hand legte sich auf meine Schulter.

Den Namen ihres Besitzers werde ich nicht nennen. Ich habe nichts gegen ihn einzuwenden. Er war ein fähiger alter Freund aus Kriegszeiten, den Louis mit der ausdrücklichen Anweisung, sich die Stelle finanziell mit mir zu teilen, an den Hof von George III. gesandt hatte. Er setzte mir ruhig auseinander, er sei formell zwar der Botschafter, aber ich bliebe offiziell der »Leibagent« des Königs. Die Augen und Ohren des Königs in London. Als solcher würde ich mehr verdienen als er, versicherte er mir. Geld ist ein großer Trostspender. In meinen Augen war er ein absolut verdienstvoller Gentleman. Mir war sehr daran gelegen, dieses Arrangement zu mögen.

Bedauerlicherweise veränderte sich mein Leben in London. Da ich nicht mehr für die Botschaftsbälle verantwortlich war, fanden nur noch wenige statt. Ich erwarb die Mitgliedschaft und besuchte − oft zusammen mit Morande − Bälle im Almack's Club. Als ich mich in den Kaffeehäusern wieder blicken ließ, wurden auch wieder Wetten auf mein Geschlecht platziert, was aber lustlos betrieben wurde, kaum jemanden interessierte und mit exzessivem Trinken einherging. Selbst bei rangniederen gesellschaftlichen Anlässen wurde ich nicht mehr an den Hof Georges III. eingeladen. Nachdem Queen Charlotte jahrelang das Gerücht genossen hatte, ich sei ihr Liebhaber, behandelte sie mich neuerdings wie Luft, wenn wir uns bei einer Soirée in der Botschaft begegneten. Ich hätte wissen müssen, dass die schnell empörte Queen (einmal hatte sie mir gegenüber erwähnt, sie fände den Wahnsinn ihres Mannes »degoutant«) von jeder öffentlichen Diskussion meines Geschlechts peinlich berührt sein würde. »Die mangelnde Urteilskraft einer Monarchin stellt man so wenig infrage wie ein schlechtes Blatt beim Kartenspiel. Dagegen wettert man nicht!«, erklärte ich Morande. »Dasselbe gilt für die mangelnde Urteilskraft aller Menschen – man nimmt sie hin und erspart sich damit jede Menge Ärger.«

»Du bist ein Idiot!«, erwiderte er. »Du hast den Verstand einer Frau!«

Morande, der andere Menschen leidenschaftlich gern ablehnte, fand es unerträglich, wenn man ihn nicht mochte. Und er fand, »ein echter Mann« – und als einen solchen bezeichnete er sich immer – würde seine Männlichkeit beweisen, indem er für seinen guten Ruf kämpfte. Jetzt schwor er unserem französischen König Rache, weil er mich nicht wieder als Botschafter eingesetzt hatte. »Der Ehrverlust meines Bruders darf nicht unwidersprochen bleiben!«, wütete er. Er machte sich ans Verfassen seines, wie sich zeigen sollte, größten finanziellen Erfolges, ein Dossier mit dem Titel *Geheime Erinnerungen eines Freudenmädchens*. Es handelte von den sexuellen und politischen Vorlieben der jüngsten Maitresse des Königs, einer Kurtisane namens du Barry. Der alte Zottelbär Louis XV. war in die Macht hineingeboren worden und ihrer mehr als überdrüssig, während die junge Hetäre Macht unterhaltsam fand, und er überließ ihr nur zu gern die Staatsaffairen. Gegen ihre anderen Affairen hatte er nichts. Morandes Schmähschrift, die er beharrlich ein Geschenk zu meiner Ehrenrettung nannte, stand schnell vor der Drucklegung und konnte von Tausenden gekauft und gelesen werden. Er bot sie dem König für eine so schwindelerregende Summe an, dass das Staatssäckel geleert worden und die Revolution zwanzig Jahre früher ausgebrochen wäre.

An diesem Punkt trat Pierre Caron de Beaumarchais in

sein Leben. Der französische Hof brauchte jemanden, der teuflisch genug war, um Beelzebub bearbeiten zu können.

Ein ehernes Gesetz lautet, dass ein großer Geist eine bescheidene Hütte bevorzugt. Pierre Caron, der Sohn eines Pariser Uhrmachers, kam hässlich zur Welt, ein dunkles Äffchen mit abstehenden Ohren und von genauso niederem Stand. Mit neunzehn Jahren entwarf er die erste Armbanduhr der Welt, dann die erste Ringuhr, die die Hand der Königin zierte, und zwei Jahre später erfand er für die Töchter des Königs ein Harfenpedal, das noch nach Jahrhunderten in Gebrauch ist. Inzwischen sah er wie ein Mensch aus, klein und sehnig, hatte ein heiteres, rötliches Gesicht und große Ohren und bewegte sich in Versailles ungehindert durch die Privatgemächer des Königs, obwohl er gesellschaftlich zum Pöbel gehörte. Er bespaßte alle und war ein raffinierter Gesprächspartner, der schnell entsprechende literarische Fähigkeiten entwickelte. Seine größte Leidenschaft aber war das Geldscheffeln, und um ihr frönen zu können, heiratete er eine Reihe reicher Frauen, die er allesamt nicht liebte. Da sie unverzüglich zu sterben pflegten, kam es zu Getuschel und Gerüchten. Ein wohlhabender alter und lediger Herzog war ganz vernarrt in ihn, gurrte ihn in aller Öffentlichkeit als »mein kleines Mädchen« an, finanzierte ihm die Gründung mehrerer Unternehmen und ermöglichte es ihm, sich den Adelstitel Beaumarchais zu kaufen, unter dem man ihn heute üblicherweise kennt.

Der Herzog war nicht ganz verblendet. »Du bist die Wonne meiner Seele, aber ich bin die Schande der deinen«, rief er, zahlte aber weiter. Als er starb, verlor Pierre seinen finanziellen Gönner, was schnell Verleumdungen anderer Art zur Folge hatte.

Es ist eine lange Geschichte, und ich möchte gleich zu ihrem Ende springen, an dem Pierre all das Geld verlor, das er im Lauf der Beziehung angehäuft hatte. Durch diesen materiellen Verlust verlor er auch alle Zurückhaltung, die er seiner Feder bis dahin auferlegt hatte; er hielt sein Urteil über das französische Gerichtswesen fest. Seine Beobachtungen waren brisant und unterhaltsam zugleich. Die Bauern, die auf dem Markt ihr Vieh verkauften, schwatzten darüber. Wer lesen konnte, wollte das Pamphlet selber lesen. Wer es sich leisten konnte, kaufte es.

Das Rechtswesen schlug zurück. Der Abtrünnige wurde in den Kerker geworfen. In ganz Frankreich schwärmten die Soldaten aus und beschlagnahmten den Pasquill, der vom königlichen Henker in aller Öffentlichkeit verbrannt wurde. Gleichzeitig rückte Pierre ins gleißende Rampenlicht, denn viele, darunter auch der alte Voltaire, verneigten sich tief vor dem jungen Heißsporn. Seine Gefangenschaft wurde in eine Haft umgewandelt, wie sie nur den Reichen und Berühmten zugebilligt wird; er hatte einen Diener und ein Federbett, empfing Besucher und bekam gutes Essen. Schon bald wurde eine neue Sau durchs Dorf getrieben, und er wurde freigelassen.

Als ehemaligem Häftling wurden Pierre Caron de Beaumarchais alle französischen Bürgerrechte aberkannt. Und er hatte keinen roten Heller mehr. Sie können sich ausmalen, wie erleichtert er war, als ihm befohlen wurde, sich nach Einbruch der Nacht am Dienstboteneingang von Versailles einzufinden, um sich in aller Verschwiegenheit mit dem König zu treffen und ihm die Hand zu küssen. Der Monarch ließ verlauten: »Mein Sohn, bringt Morande dazu, Euch persönlich seine widerwärtige Ware zu verkaufen, verbrennt die *Erinnerungen eines* … ich bringe das Wort nicht über die Lippen … verbrennt sie sodann in Gegenwart meiner Zeugen, und ich nehme Euch wieder in meine Liebe auf.«

Für die Vergebung des Königs hätte sein »Sohn« Pierre alles getan. Unter Tränen nahm er das Versöhnungsangebot seines Königs an und gürtete seine Lenden. Soll heißen, bevor er die Kutsche nach London bestieg, machte Pierre Station in einem Bordell. Vielleicht machen das alle richtigen Männer, aber nicht alle Männer benehmen sich Prostituierten gegenüber so wie er – als wahrer Dramatiker wollte er andere bezaubern, also gab er Prostituierten Geld, um ihnen Lust bereiten zu dürfen. Die zähen, gelangweilten Frauen freuten sich auf seine Besuche und kämpften um seine Gönnerschaft. Diesmal wurde er mit einer schwärenden Stelle am Mund bestraft, die eher unansehnlich als tödlich war. Er jammerte nicht. Er hatte seinen Kammerdiener dabei und ein Prunkgefährt, denn er reiste in der samtausgeschlagenen Equipage des Königs aus Paris nach London, was zehn Tage und Nächte in Anspruch nehmen konnte, ihn aber nur vier kostete, und bei seiner Ankunft war er von der Krankheit gezeichnet, aber voller Energie, und seine Augen loderten. Morande und er trafen sich im Club, und als Erstes stellten sie fest, dass sie identische Schwären am Mund hatten.

Der König hatte Pierre Caron de Beaumarchais als so charmant und clever eingestuft, dass es ihm gelingen sollte, Morande seine Schätze zu entlocken, nur hatte er sich bei Morandes Charme übel verkalkuliert.

Morande und Pierre verbrachten eine Woche mit Essen, Trinken, Rauchen und Huren und lachten sich kaputt. Beide waren ihrem Geld zu sehr verbunden, als dass sie es beim Glücks- oder Kartenspiel aus dem Fenster geworfen hätten, aber alle anderen Laster lohnten die Ausgaben. Sie erkannten, dass sie ihre Ähnlichkeit zu ihrer beider Vorteil nutzen konnten, und hielten sich nächtelang mit ihrem Geschwafel wach. Morande hatte darauf bestanden, dass ich den Mann empfing, den er einfach nur Pierre nannte. »Pierre ist bezaubernd! Anders könnte ich die Neidgefühle nicht überleben, die ich angesichts seiner anmutigen Schriften verspüre. Er schreibt so schön, dass ich mich aufhängen möchte. Nicht einmal Voltaire ist ihm ebenbürtig. Darüber hinaus ist er unglaublich charmant. Davon kannst du dich bald mit eigenen Augen überzeugen. Er hat mich schon aufgesucht und um die Erlaubnis gebeten, dir schreiben zu dürfen.« Und tatsächlich erhielt ich eine kurze Zuschrift des »bezaubernden« Mannes, in der er darum bat, mir seine Aufwartung machen zu dürfen. Pierre wusste wie jeder andere, dass meine Spitznamen, »le petit d'Éon« und »Yeux d'Ange«, auf mein Äußeres und nicht auf meinen Intellekt gemünzt waren, also sprach er mich als »Fer d'Éon« an, als Eisenmann. Ein schlauer Zug. Ich hatte seine berüchtigte Schmähschrift bewundert, die in London damals noch frei kursierte. Ich war Morande dankbar für seine Beharrlichkeit. Er konnte sich spontan erkenntlich zeigen. Das passte so wenig zu ihm, dass man es ihm hoch anrechnete.

Warum erregte mich die Aussicht darauf, einen Unbekannten kennenzulernen, wo ich doch so viele Menschen kannte? Es überkam mich einfach. Eine Instinktreaktion. Ein plötzlicher Druck auf der Brust. Hunde haben Intuitionen, warum sollten Menschen keine haben? In meiner

Unerfahrenheit deutete ich sie als Zeichen, dass wir intime Verbündete werden und uns so nah stehen würden wie Geschwister.

Ich antwortete ihm auf der Stelle und hinterlegte den Brief in der französischen Botschaft, wo Beaumarchais' Dienstmann ihn abholen würde. Ich versicherte ihn meiner Bewunderung, zählte unsere Gemeinsamkeiten auf, darunter auch die Bereitschaft, mit der althergebrachten Ordnung Händel zu suchen, die Tatsache, dass wir beide bei unserem König mal gut, mal schlecht und dann wieder gut angeschrieben waren, und schloss mein Schreiben mit dem Satz: »Ist Er nicht unser beider Vater?« Der Zensor, der meinen Brief las, konnte an dieser Beobachtung nichts beanstanden. Alle Welt wusste, dass unser König für Geistesgröße ein ebensolches Faible hatte wie für Schönheit. Pierre hatte Erstere zu bieten, und alle Welt konzedierte, dass ich immer noch beide mitbrachte. Bei Menschen, die das vierzigste Jahr hinter sich gelassen haben, finden sich nur selten geschmeidige Haut und anmutiger Gang, denn die wenigsten meiden jene starken Gefühle, die Wunden und Narben im Fleisch hinterlassen.

Als guter Gastgeber traf ich sofort umfangreiche Vorbereitungen für Pierres Besuch, orderte bei meinen Weingütern zwanzig Kisten Wein und ließ Burgundiens duftenden Nektar schnellstmöglich nach London bringen. Ich würde Pierre in meinem Stadtpalais herumführen, ihn bitten, auf der Chaiselongue in der Bibliothek unter dem Gobelin Platz zu nehmen, der den Spiegelsaal in Versailles zeigte, inmitten von dreitausend seltenen Büchern sowie antiken und modernen Handschriften. Neben der Chaiselongue stand ein Gebetpult mit ver-

schlungenem Schnitzwerk, auf dem meine Gutenbergbibel lag. Von meinem Freund Morande hatte ich gehört,
dass die Portraits von Pierre einen attraktiven, schlanken Mann zeigten, was aber eher die Barmherzigkeit
der Maler spiegelte. Morande musste aber auch zugeben,
dass ein seltsames Feuer in Pierres Kopf loderte und aus
seinen Augen blitzte – Scharfsinn und Esprit. Zugleich
saugten seine kleinen schwarzen Augen alles auf, was er
sah, und Morande drohte mir schelmisch mit dem Satz,
er sei ein geradezu »unheimlicher Menschenkenner, sogar bei Fremden! Sieh dich vor!« Das belustigte ihn und
löste sein wieherndes Lachen aus.

Morande belog mich, was das Ausmaß seines Verkehrs
mit Pierre anging, behauptete, er habe in einer lärmigen
Taverne nur Höflichkeiten mit ihm ausgetauscht und
gebe eigentlich nur das weitverbreitete Gerücht weiter,
Pierre habe eine gottgleiche Fähigkeit, Menschen zu
durchschauen.

Ich fragte mich, wie ein so gewiefter Mann mich ein-
schätzen würde. Würde er die Wahrheit erkennen? Ich
wollte ihn hinters Licht führen, wie ich alle Menschen
hinters Licht führte. Ich hatte gehört, seine einzige
Schwäche sei das Geld, das Geld lähme sein Urteilsver-
mögen, und seine Aufmerksamkeit lasse sich leicht durch
Wohlstand ablenken. Also stellte ich für seinen Besuch
meine aus Sankt Petersburg mitgebrachten Weinkelche
aus gediegenem Gold bereit.

Der Tag war eine kleine Warnung, die ich übersah,
ein Pochen an der Tür zu nachtschlafender Zeit, das ich
überhörte, die kurze Ouvertüre eines verheerenden Dra-
mas. Noch nach Jahrhunderten erinnere ich mich an jede
einzelne Minute.

Die erste Stunde des Sonntagmorgens verbrachte ich am Betpult, in der zweiten wusch ich mich und richtete mich für den Tag her, verbrachte dann ein paar Stunden beim Hochamt, wo ich meine Gelübde bekräftigte, und war kurz vor dem verabredeten Zeitpunkt wieder zu Hause. Als ich hungrig wurde, aß ich ein Stück trockenes Brot und trank etwas Wasser. Ich wollte meinem Gast mit natürlicher, ätherischer Blässe begegnen. Ich wollte in seiner Gegenwart schweben können. James legte mir meine alte Dragoneruniform aus dem letzten Krieg hin. Er hatte eindeutig das Gefühl, ich würde meinen unbekannten Besucher überbewerten. »Ihr steht nicht in puncto Vermögen unter ihm, Ihr steht in puncto Geburt über ihm, Sieur«, murmelte er und bückte sich, um mir in die Stiefel zu helfen. »Voltaire könnte auf einem anderen Blatt stehen.« Ich tat, als hätte ich ihn nicht gehört. Nachdem er mir beim Ankleiden geholfen hatte, schenkte er mir einen Cognac ein und reichte mir das Glas, während ich vor einem Spiegel stand und mein Äußeres begutachtete. Ich sah mir beim Trinken zu und beobachtete zum tausendsten Mal, ohne dessen je müde zu werden, wie sich der kleine Adamsapfel in meinem langen Hals hob und senkte. Meine blonden Locken fielen mir in die Stirn. Kein einziges weißes Haar.

Normalerweise kann ich vor entscheidenden Ereignissen einen Cognac auf nüchternen Magen nur empfehlen. Diesmal verstärkten die zusätzliche Wärme und der Schneid, die der Cognac mir einflößte, nur den Verdruss über das Folgende. An dem Tag, an dem Pierre mich hätte besuchen sollen, hatte Morande für diese Vorstellung nämlich nichts mehr übrig.

Morande hat's gegeben, Morande hat's genommen;

Morande hatte all die Macht, die schlechter Charakter einem Menschen verleiht. Ohne jeden Skrupel beschloss er, mich zu enttäuschen. Da er seinen neuen Verbündeten für sich allein haben wollte, belog er Pierre und erzählte ihm, seine inzwischen verschorfte Schwäre an der Oberlippe würde mich abstoßen. Morande wusste nur zu gut, dass ich Pierre ganz im Gegenteil liebend gern verarztet hätte. Ich hätte dem Mund des Fremden einen Stechwindenwickel gemacht wie Morande bei unserer ersten Begegnung. Morande setzte auf seine Lüge noch eins drauf, indem er seinem Besucher die jüngste Ausgabe von *Harris's List of Covent Garden Ladies* in die Hand drückte, ein detailliertes Verzeichnis der Londoner Prostituierten, und damit waren dessen Pläne besiegelt. Ich wartete zu Hause wie ein fein gemachtes Schulmädchen. Ich wartete den ganzen Tag, und ich wartete die ganze Nacht. Das war das große Ereignis: Pierre gab mir einen Korb. Die Zurückweisung höhlte mir das Herz aus. Nach verwichener Nacht legte ich die goldenen Weinkelche in ihr Samtfutteral zurück, aß alles, was die Speisekammer hergab, und ging in meiner Uniform schlafen.

Ich gab James den Tag frei. Meinem loyalen James. Er nutzte ihn, um dem Verbleib meines ausgebliebenen Gasts nachzugehen. Am Nachmittag kam er zurück und berichtete: »Sieur Beaumarchais hat die letzte Woche in Morandes Haus verbracht, ist jetzt aber nach Frankreich abgereist.«

Pierre überbrachte unserem König die schlechte Nachricht, dass Morande sein Dossier über du Barry nicht für die angebotene Summe verkaufen würde; er verlangte sehr viel mehr Geld; offenbar wollte er Versailles zugrunde richten.

Unterdessen begab ich mich aus London schnellstens auf den Landsitz von Lord X. Anscheinend verdiente ich nicht einmal mehr die höfliche Erklärung eines Landsmanns, warum er meine großzügige Einladung ausgeschlagen hatte. Es war demütigend; Scham ist lange nicht so schmerzhaft. Ich verabscheute mich. Fand mich schwach und erbärmlich. Keine Fechtkunst konnte die Scharte auswetzen, wie leicht es war, mir den Laufpass zu geben.

Wie ich auf den Lockruf der Leere reagierte

Mein Wahlbruder Morande kannte keine Selbstzweifel. Er fand, er hätte von allem nur das Beste verdient und seine Freunde und Familie nicht. Eigentlich brauchte er niemanden von uns. Tatsächlich träumte er davon, ohne uns ewig zu leben, lange nachdem wir alle gestorben waren. Er wusste auch schon genau, wie er das bewerkstelligen würde: Wenn seine »Zeit« gekommen war, würde er zum Mont Blanc reisen und sich am hinteren Ende eines Gletschers niederlegen. Er hatte eine auf einer Druckplatte aus Blei festgehaltene Notiz vorbereitet, die er in den erstarrten Fingern halten würde. Wenn er Hunderte von Jahren in der Zukunft gefunden würde, würden die Finder die Druckplatte lesen, seinen Namen und seine Bedeutung begreifen sowie seinen Wunsch, in einer Zeit wiederbelebt zu werden, in der sogar die Pest geheilt werden konnte und alle Menschen unsterblich waren. Mir gefiel die Aufrichtigkeit dieser Planung, die er auch vor seiner Frau und seinen Kindern nicht verbarg; er ging ganz selbstverständlich davon aus, dass er sie überleben würde. Und ich bewunderte, dass er sich seine Missetaten verzieh, statt sich vor Selbsthass zu verzehren. Aus diesem Grund log er wegen einer Sache auch selten lange. Kurze Zeit stritt er eine offenkundige Missetat ab. Dann zog er eine große Schau ab, war zu Tode betrübt und gestand, was er getan hatte. Sagen wir, er hatte das Windelkind geschlagen. Dann erklärte er sich zum schlechtesten Menschen auf Erden, weil er etwas so Entsetzliches hatte tun können. Ich war unweigerlich tief bewegt und überschüttete ihn mit meinem Mitgefühl. Windelkinder können einen zur Brutalität treiben. Wenn ich ihn von seinen Schuldgefühlen freisprach, konnte er vor Erleichterung weinen. Danach war er eine Weile die reine Anmut und Leichtigkeit, gab dem Gespräch dann aber den Dreh, er hätte sich zu Hause nur darum so schlimm aufgeführt, weil ich ihn mit irgendetwas, das ich gesagt oder getan hatte, dazu gezwungen hätte; in Wahrheit wäre er viel tiefer verletzt als ich, und eigentlich müsste ich das Windelkind um Entschuldigung bitten. Hatte er den Spieß einmal umgedreht, schmückte er ihn immer weiter aus und sagte etwa, sein böses Verhalten hätte ihm selbst mehr wehgetan als allen anderen. Das Windelkind würde zu einem widerstandsfähigen Menschen heranwachsen, weil er es geschlagen hatte, während er für den Rest seines Lebens von Schuldgefühlen erdrückt würde usw. Er legte ein fast übernatürliches Talent für Selbstmitleid an den Tag. Nach der langen Leidensnacht, in der ich auf Pierre Caron gewartet hatte, bekam ich wochenlang Briefe von Morande, in denen er seine tiefste Lebensebbe beklagte und mich gleichzeitig anflehte, mir um ihn keine Sorgen zu machen. Er verlangte ein Treffen in seinem Club, und schließlich folgte ich seiner Stimme, diesem Lockruf der Leere, und kehrte nach London zurück.

Im Almack's Club wimmelte es morgens um zehn von Spielern. Ich fand Morande in der Mitte des Raums, die extragroße Pfeife zwischen den Zähnen, herausgeputzt wie ein Pfau, mit grünen Bändern, Elfenbeinknöpfen und einer hohen Lockenperücke. Die Perücke und seine Wange waren unter weißem Puder begraben, und seine Hängebacken glänzten; er strahlte Gesundheit aus, tat überglücklich, mich zu sehen, und bat mich um Verzeihung! Weswegen? Er sagte: »Vergib mir en bloc, und ich sage dir, worum es geht, denn offenbar hab ich nur mir selbst wehgetan. Du weißt nicht einmal, wovon ich rede!« Die Spieler überhörten uns geflissentlich.

Vor lauter Neugier ließ ich mich auf den seltsamen Handel ein. Ich verzieh ihm ausdrücklich und erfuhr, dass Pierre Caron de Beaumarchais bei Morande in London gewesen war. Sie hatten gemeinsame Interessen gefunden, sagte er, wie Taschendiebe auf einer Festwiese. Morande hatte es verletzt, dass ich so darauf erpicht gewesen war, Pierre zu treffen. Tief verletzt. Er hatte das nicht zulassen können. Er hatte Pierre den Besuch bei mir ausgeredet. Ich war selbst schuld.

Außerdem musste er Pierre in jeder Sekunde von dessen Besuch für sich haben. Sie hatten einen ausgetüftelten Plan ersonnen, wie sie in den Aufstand der Kolonisten investieren und damit Geld verdienen konnten. Aber dafür brauchten sie Kapital. Sie hatten alles auf eine Karte gesetzt, und diese Karte war Morandes Enthüllungsdossier über die Maitresse des Königs. Nachdem Pierre mit der Nachricht von Morandes astronomischen Forderungen nach Paris zurückgekehrt war, hatte ein ganzer Hexensabbat von Ministern ihn in Versailles in die Ecke getrieben und ihm ins Stammbuch geschrieben, der König wünsche nicht, ihn zu sehen. Sie feuerten Pierre. Raus. Sie verbannten ihn vom Hof! Er konnte sich in Paris unter einem Stein verkriechen, wieder Uhrmacher werden oder sich die nächste reiche Frau suchen. Der König hatte einen neuen Agenten entsandt, der schon bald in London eintreffen und sich mit Morande ins Benehmen setzen würde. Er brachte garantiert eine weit niedrigere Offerte für das kostbare Dossier mit. »Du bist viel weiser als ich. Sag mir doch, was ich tun soll!«, flehte Morande. »Ich weiß nicht mehr aus und ein!«

Meine Beschämung der vergangenen Monate wich pastellfarbenem Glück, als ich hörte, dass Pierre und Morande nachgerade die Beschämten waren. Und ihre Bedürftigkeit schmeichelte mir. Sofort konzentrierte ich mich voll und ganz auf eine Lösung des verzwickten Problems. Nach einer Stunde Portwein und Kaffee riet ich Morande, er solle sich weigern, den neuen Agenten auch nur zu treffen, und im selben Atemzug zum einen seine Geldforderung erhöhen, ja verdoppeln, und zum anderen drohen, mit dem Druck und Verkauf seiner *Erinnerungen eines Freudenmädchens* loszulegen.

»Du kennst doch jemanden, der nur zu gut imstande ist, das zu zahlen!«, sagte ich, ohne Namen zu nennen. Wenn das Dokument angeblich schon gedruckt war, solle Pierre sich eindringlich an den König wenden: »Wir müssen unverzüglich handeln! Morande hat einhundert Exemplare, die jederzeit verbreitet werden können! Und er kann jedes einzelne davon verkaufen. In ganz Frankreich werden sie von Hand zu Hand gehen, und der Erlös wird ihn reich machen. Ich glaube, Ihr, Euer Hoheit, müsst das Original und die gesamte Druckauflage aufkaufen, oder Ihr werdet es bitter bereuen. Zahlt ihm die

Summe, auf die ich ihn runterhandeln kann. Ich garantiere ihre Vernichtung!«

Daraufhin würde der König unfehlbar seinen Beutel zücken.

»Und wer zahlt mir den Druck?«, wollte Morande wissen.

»Na, dein Pierre Caron de Beaumarchais natürlich! Er streckt dir das Geld vor, und du zahlst es ihm mit 25 Prozent Zinsen zurück.«

Morande umarmte mich begeistert.

Er hatte mein Herz zurückerobert, indem er mich um Hilfe bat.

Durch das Malheur mit Pierre traf ich diesen erst mit etlichen Monaten Verspätung. In jenen Tagen brachte die Zeit eine Engelsgeduld mit.

Wie ich dem Geschmack mancher Leute
zu tugendhaft war

Pierres Familie war bürgerlich, seine Freunde waren
adlig. Sein treu ergebener Begleiter war Lucas, ein
junger Sklave aus der Karibik, den er als Kammerdiener
eingestellt hatte, großzügig bezahlte und wie seinesglei-
chen behandelte. Lucas war ungebildet, hatte aber einen
messerscharfen Verstand und war treu bis in die Knochen,
ein Wesenszug, der von Menschen wie Pierre geschätzt
wird, die selbst nicht zur Loyalität taugen. Auf Reisen
schliefen und tafelten die beiden zusammen. Als Pierre
im Gefängnis saß, gesellte sich Lucas in der Zelle zu ihm.
Dass sich Pierre finanziell nicht lumpen ließ, ging nicht
nur auf seinen langsam und stetig aufwallenden Wunsch
zurück, Klassenunterschiede abzuschaffen; in Wahrheit
konnte Pierre das Alleinsein nicht ertragen. Stille machte
ihm Angst. Stille war der Tod. Gesellschaft war laut, Gesellschaft war Leben, auch wenn es manchmal ungerecht
war. Pierres Wut auf die Gesellschaft entlud sich in un-
regelmäßigen Abständen in Dramen, teils geschriebenen,
teils einfach Alltagsinszenierungen.

Als ich Morande drängte, sich von seinem Freund
Pierre Geld zu leihen, um seine unflätigen Erinnerungen

der Mademoiselle du Barry drucken zu können, wusste ich natürlich nichts von der sich entfaltenden Komödie. Pierre trieb die Kapriolen noch ein Stück weiter – er borgte die nötigen Gelder einfach direkt beim König. Er kniete vor dem Thron, stammelte seine Abbitten und bekam ein Darlehen bewilligt. Erzähle ich zu schnell? Es geschah auch alles sehr schnell. Morande wies den Emissär zurück, der Pierre ersetzen sollte, und Pierre, der dem König jetzt einen hübschen Batzen Geld schuldete, bat diesen darum, wieder als sein bevollmächtigter Vertreter eingesetzt zu werden. Sogar mich schmuggelte er in seine Argumentation ein: »Euer früherer Botschafter in London« – er gab vor, in die näheren Umstände meiner Degradierung nicht eingeweiht zu sein –, »der Chevalier d'Éon, ist mir dabei behilflich, den Preis für Morandes schändliches Pamphlet herunterzuhandeln. Aber nur mir.«

Bei seiner zweiten offiziellen Expedition nach London kam Pierre mit dem verständnisinnigen Lucas an seiner Seite mit einer Offerte zu Morande, die dieser akzeptabel fand, da sie deutlich über dem lag, was er verdienen konnte, wenn er sein Werk nach Frankreich schmuggelte und dort verkaufte. Das Angebot – eine Abschlagszahlung von 125 000 Livres, was einer Million in heutiger amerikanischer Währung entsprach, und eine lebenslange Rente von 4000 Livres im Jahr – reichte aus, um Morande glücklich bis ans Ende seiner Tage leben zu lassen.

Vorher musste Versailles Frankreichs Bauern aber mit neuen Steuern noch mehr Geld abpressen, erst dann konnten die Reste Pierre anvertraut werden. Das dauerte ein paar Monate.

Als der Geldsegen endlich floss, verlor Morande wieder alles Interesse an mir, und auch Pierre entfachte das seine nicht wieder. Wahrscheinlich war ich für den Geschmack der beiden einfach zu tugendhaft. Und wieder leckte ich mir auf dem Landsitz von Lord X die Wunden.

Wie Brüderlichkeit Unheil anrichtet

In den langen Jahren, die ich in England lebte, hatte ich immer wieder viel Zeit im Herrenhaus von Lord X verbracht. Aus der sicheren Distanz hatte ich meinen Teil der Geheimvereinbarung mit dem König einhalten können. Ich zahlte dem Gelichter am Hafen gutes Geld, damit es mich über den Zustand der britischen Kriegsflotte auf dem Laufenden hielt, und vervollständigte diese Informationen mit Hörensagen über die verschiedensten Politiker oder auch erfundenen Gerüchten, die ich in öffentlich zugänglichen Klatschkolumnen fand. Der Tisch und das Betpult in Lord X' Bibliothek waren meine treuen Gefährten. Zu ihnen zog ich mich fünfzehn Stunden am Tag zurück, nur unterbrochen von einer großen Mahlzeit, für gewöhnlich dem Abendessen mit meinen Gastgebern, und ließ ausrichten, Besucher empfinge ich nur sonntags zwischen zehn und zwei Uhr. Es gab keine Besucher. Dank der Zeit und der Seelenruhe, beides Gaben, die ich Lord X und meinen Umständen verdankte, hatte ich keine Schlaf- oder Verdauungsprobleme zu beklagen und begann und vollendete schließlich auch meine *Liebhabereien*, die dreizehn Bände der *Loisirs du chevalier*

d'Éon de Beaumont über Diplomatie, Finanz- und Staatskunst. (In Ihrer Zeit werden meine Betrachtungen vielleicht nicht mehr gelesen, aber gegenwärtig sind sie im
Universum in Umlauf.) Nachts hieß mich ein Federbett
willkommen, eine Großzügigkeit, die es nur Schlafenden
mit reinem Gewissen gewährte. Kein einziges Mal erging
sich Lord X in Diskussionen meines anderen Lebens in
London. Von den Wetten, die auf mein Geschlecht platziert wurden, wusste er womöglich, denn eines Tages
sah er von seinem Spiel auf und bemerkte: »Das Wetten
im Almack's ist des Niedergangs unseres Weltreichs wür-
dig.« Ich antwortete nichts.

Einmal waren wir beide in aller Stille dort gewesen,
weil er mit eigenen Augen sehen wollte, was es mit all
der Aufregung eigentlich auf sich hatte. Ein Tagesaus-
flug nach London. Während er das Treiben im Almack's
musterte, hatte er nach seiner bevorzugten Tabatière aus
Silber gegriffen, die er immer in seinem weiten Mantel verwahrte, und entdeckt, dass sie verschwunden
war. Ich zog meinen Degen und verlangte eine Unter-
brechung der Spiele. Als sich niemand meldete, durch-
suchte ich die Gesellschaft. Ein Mann verweigerte die
Leibesvisitation. Er war so hartnäckig, dass er sich nicht
einmal von meinem Degen umstimmen ließ. Leise sagte
er aber, unter sechs Augen würde er seine Taschen oben
in seiner Unterkunft für Lord X und mich leeren. Dort
erklärte er uns, er sei ein hochwohlgeborener Mann,
habe aber sein ganzes Vermögen verspielt und lebe jetzt
von dem, was er durch intelligent abgeschlossene Wetten
aufgabeln könne, sowie von Essensresten, die wohlmei-
nende Kellner ihm gelegentlich zusteckten. »Momentan
habe ich ein halbes Brathuhn in der Tasche. Ich hatte

Angst vor einer Bloßstellung; hier ist es! Jetzt könnt Ihr mich durchsuchen.« Lord X rührte die Misere des Mannes so sehr, dass er ihm hundert Guineen geben wollte. Als er seinen weiten Mantel nach der Börse durchwühlte, förderte er die Tabatière zutage, die er achtlos unter den Geldbeutel gestopft hatte, womit er erneut die Größe seiner Freigebigkeit unter Beweis stellte. Er hatte also gute Gründe, das Almack's abzulehnen, weil er die Spieler dort zu Unrecht des Diebstahls bezichtigt hatte. Ich für mein Teil habe in meinem Leben keine einzige Wette platziert, weil ich weiß, dass das Glück ein äußerst wankelmütiger Bekannter ist.

Während meines letzten Aufenthalts bei Lord X, als mein Geschlecht keine Menschenseele mehr interessierte, fuhr ich in die Stadt, um nach meinem Haus zu sehen, und wurde von Morande abgefangen.

Er war nervlich sichtlich zerrüttet. Er rief: »So ein Glück! Welch Glück!«, weil er mir genau in dem Augenblick über den Weg lief, in dem ich nach mehrwöchiger Abwesenheit mein Haus betrat. Er flehte darum, mitkommen zu dürfen, um sich zu erklären. Er sagte, er wäre in der Hoffnung, mich anzutreffen, jeden Tag bei mir vorbeigekommen. Er fühle sich wie ein herrenloser Hund. Als ich ungerührt blieb, brach er in lautstarke Bekundungen seiner Sehnsucht nach mir aus. Ich wusste, dass ihm kein Mensch jemals fehlte und dass er nur irgendetwas von mir wollte, aber um ihn zu beruhigen, wies ich James an, ihn ebenfalls ins Haus zu lassen, und sagte dem Hausmädchen, er bliebe zum Abendessen. Im Haus wahrte ich Abstand und war nicht geneigt, mich von Morande umarmen zu lassen, aber ich gebe zu, dass ich in Wahrheit überglücklich war.

In dem Monat, der seit unserem letzten Treffen vergangen war, war er gealtert, er war fett geworden – ein nervliches Wrack. Ich liebte ihn. Und ich wusste, dass er sich begierig alles anhören würde, was ich zu sagen hatte, auch wenn ich in moralischen Fragen niemals zu ihm durchdringen würde. Wie sich herausstellte, steckten sein Freund Pierre und er schon wieder in der Klemme.

Die beiden hatten eine weit ergiebigere Gewinnquelle ins Auge gefasst – sie hatten ein Unternehmen gegründet, das den aufständischen Amerikanern Waffen liefern sollte. Ihr Plan war ganz schlicht: Sie wollten wohlhabende Geldgeber dazu bringen, in Schiffe und Waffen anzulegen; in den Kolonien würde man die Fracht entladen und die Schiffe mit dem billigen, aber ausgezeichneten Tabak aus Virginia beladen, der in Rotterdam dann als der weit teurere holländische Tabak ausgegeben werden sollte. Die Geldgeber würden ihr Kapital mit hohen Zinsen zurückerhalten, und das Unternehmen würde florieren.

Ihr Vorhaben begann aber mit einem Fehlschlag, denn schon das erste Schiff, das mit den von geliehenem Geld finanzierten Waffen aus Le Havre nach Amerika segeln sollte, wurde von der französischen Obrigkeit demonstrativ wieder entladen. Morande und Pierre waren verpfiffen worden, und die Franzosen mussten den Engländern beweisen, dass sie nicht daran interessiert waren, für die Aufrührer Partei zu ergreifen. Die Waffen wurden öffentlich beschlagnahmt und verschwanden.

In der ersten Stunde unserer wiederbelebten Brüderschaft beriet ich Morande. Er nahm nichts davon auf, denn wenn seine Angst einmal erwacht war, wurde sie gefräßig und verschlang seinen Verstand. Seine gierigen Nerven suchten andere Nahrung – und plötzlich stellte er wieder Fragen nach meinem Geschlecht. Er setzte mir zu, ihm mein Geheimnis zu verraten. Er ertrug es nicht, seinen Kopf nicht durchsetzen zu können, und war von der Frage wieder genauso besessen wie einst, als mir vor meinem Haus noch die Menschenmengen aufgelauert hatten. Er ratterte sogar seine eigenen Verdachtsmomente herunter – ich hatte eine hohe Stimme und schlanke, wenn auch starke Beine. Meine Haut war auffällig glatt. Ich sollte ihm wenigstens meine Männlichkeit zeigen. Um mich breitzuschlagen, zeigte er mir seine. Allein das Freilegen ließ seinen nimmermüden Wegbegleiter zum Leben erwachen. Prall, weiß, stolz, mit rattengrauem Kragen. Ich lachte und wandte mich ab. Dann versuchte das Schlitzohr, James auszuhorchen, ob er den neuen Sicherheitsrasierer an mir ausprobiert hätte, für den Perret in *L'Art du coutelier* eintrat. »Monsieur d'Éon de Beaumont ist Hauptmann der Dragoner. Diese sind Pogonotomiker und rasieren sich selbst«, erwiderte James von oben herab. Wenn ich mich so gründlich rasierte, löcherte Morande mich weiter, welche Pomade benutzte ich dann? Als ich auch bei dieser Frage die Antwort verweigerte, wobei ich ihm damals noch schlicht unschuldige Neugier unterstellte, wurde er wütend, ging wieder und knallte die Tür hinter sich zu. Dann kam ihm anscheinend eine bessere Idee.

Wie ich erste Schritte
in mein neues Leben machte

Ein halbes Jahr, nachdem er mich versetzt hatte, besuchte Pierre Caron de Beaumarchais mich zusammen mit Morande und seinem Kammerdiener Lucas endlich in meinem Stadtpalais. Ich stellte wieder dieselbe Kulisse zusammen wie beim ersten Mal – die goldenen Weinkelche, die Chaiselongue, Bücher auf dem Tisch, darunter ein Foliant meiner Untersuchungen zum Finanzwesen sowie meine dreihundert Jahre alte Gutenbergbibel. Ich legte wieder meine Dragoneruniform an. Sie betonte den Unterschied zwischen uns – weder Morande noch er war jemals in einen Krieg gezogen. Keiner von beiden las die Bibel. Ich hieß meine Besucher mit geheuchelter Naivität willkommen. »Mein lieber Freund Morande!«, rief ich und drückte ihm in bärenhafter Männerumarmung die Schultern, obwohl sie doppelt so breit waren wie meine. Er entschied gern selber, ob eine warmherzige Geste angemessen war, stieß mich aber nicht weg, weil wir in Gesellschaft waren. »Wie geht es deiner Frau und deinen entzückenden Kindern?« Ich erinnerte mich, dass Pierre gerade sein jüngstes Kind verloren hatte, schnitt Morande das Wort ab, als er zu einer selbstzufriedenen Erörterung der Freuden multipler Vaterschaft ansetzte, verneigte mich tief vor Pierre und lud ihn, »meinen hochverehrten Kollegen«, in meine »bescheidene Bibliothek« ein. Lucas wurde auf einen Sitz im Korridor verwiesen. Das Hausmädchen machte einen weiten Bogen um ihn. Sie hatte noch nie einen Menschen mit so schwarzer Haut gesehen. Das hatte keiner von uns. Wir ignorierten ihn.

Wie Morande mich vorgewarnt hatte, war Pierre nicht viel größer als ich und schlecht proportioniert mit schmalen Schultern und breiten Hüften. Im Gesicht war das Verhältnis umgekehrt, die Ohren standen henkelartig ab, und das Kinn war klein und spitz. Er hatte mehrere vernarbte Stellen an den Lippen, empfahl sich aber durch die ebenmäßige Reihe weißer Zähne, die beim Sprechen aufblitzten, und da noch faszinierende schwarze Augen hinzukamen, hatte man den Rest des Gesichts nach fünf Minuten seiner charmanten Konversation vergessen. Er hatte eine tiefe und leise Stimme mit erlesenster Pariser Silbenbildung und sprach nicht, um Eindruck zu schinden, sondern um genau das in Worte zu fassen, was er im Sinn hatte. Anderen Menschen brachte er so große Aufmerksamkeit entgegen, dass ihm nichts zu entgehen schien, er erfasste jedes Wort und sämtliche Einzelheiten um sich her – der Mann nahm die Schwingungen seiner Umgebung auf und scherte sich nicht um den Eindruck, den er auf andere Menschen machte. Kurz gesagt, er war in allem das Gegenteil von Morande.

Ich versuchte, seinen Blick abzulenken, indem ich ihn herumführte. In einer Vitrine lag meine Bilderhandschrift des *Roman de la Rose* aus dem 14. Jahrhundert. Ich löste den Riegel, öffnete leichtfertig den Ledereinband, nahm eine kleine Illustration heraus und zeigte sie ihm. »Wie viel habt Ihr dafür bezahlt?«, fragte er und musterte meine Hände auf der Seite statt des herrlichen Bildes. Ich war froh über die Ablenkung, weil ich unabsichtlich nach »Der Liebesgott verschließt das Herz des Liebenden« gegriffen hatte. Hastig legte ich die Miniatur zurück, schloss den Einband und sagte: »An so ephemere Dinge wie Preise erinnere ich mich nicht.« Die unverfrorene Frage nach Geld kam mir seltsam vor, störte mich aber nicht. Im Gegenteil. Sie lockte mich an. Ungewöhnliche Tiere sind von Natur aus neugierig aufeinander. James brachte eine Platte mit Scones, Streichrahm und Erdbeermarmelade, und wir gruppierten uns um das Beistelltischchen. Morande fiel über die Scones her, und Pierre ließ seinen Blick jetzt durch die Bibliothek schweifen und taxierte ihren Wert. Er war sichtlich beeindruckt.

»Erzähl ihm die ganze Geschichte, wie du dieses Haus, die schönsten Zimmer Londons, möbliert hast, d'Éon«, soufflierte mir Morande. »Und wehe, du vergisst meine Rolle bei deinen Extravaganzen. Ich brüste mich nicht gern mit etwas. Das musst du übernehmen.«

Pierre sah mich an und zog die Augenbrauen hoch. Unser erstes einvernehmliches Lachen: Unser gemeinsamer Freund amüsierte uns. Miteinander zu lachen ist eine Umarmung. Nach meiner Einschätzung machte Pierre sich nichts aus Aufschneidern und glaubte nicht, was sie erzählten. Bescheidenheit ist eine komplexe Sozialkompetenz, die in primitiven Gesellschaften wie Ihrem Amerika von heute nicht gerade gang und gäbe ist. In Amerika wird es als Schwäche angesehen, Schwächen zuzugeben. Ich wusste, dass ich mich bei meinem neuen Freund schwach zeigen durfte, ohne seine Verachtung zu provozieren. Ich erzählte ihm die ganze Geschichte, meinen Aufstieg und meinen steilen Fall, die Bedrohungen meines Lebens, die ich nur mit der Behauptung aus der Welt schaffen konnte, ich sei eine Frau. Morande unterbrach mich nur einmal, gelangweilt von einem Monolog, in dem er zu selten vorkam. Nachdem er alle Scones vertilgt hatte, sprang er von seinem bequemen Platz auf und ließ uns allein. Ich wusste, dass er auf der Jagd nach Informationen über mich durchs Haus streifen würde, ich wusste aber auch, dass er nicht weit kommen würde, und war froh, Pierre eine Weile für mich zu haben.

Ich fuhr mit meiner Geschichte fort bis zum zweiten Anschlag auf mein Leben und der Drohung eines dritten.

»Ich musste rasch handeln, weil ich sonst die Bewunderung meines Freundes Lord X riskiert hätte«, erklärte ich Pierre. »Mein Gastgeber auf dem Lande. Er bevorzugt mich als Mann.« Pierre fand das urkomisch.

»Morande sagt, Lord X sei ein Gutmensch«, sagte er mit einem damals noch ganz ungebräuchlichen Ausdruck, der mich zugleich beeindrucken und herausfordern sollte. Ohne jede Vorwarnung wiederholte er die Wendung in Morandes Mundartfärbung der Bourgogne, aber auch mit seiner Stimme. Er schnappte sich einen imaginären Scone und stopfte ihn genau wie Morande mit beiden Händen in den Mund. Er aß mit offenem Mund und zermalmte das Gebäck. Er wurde größer, fetter und vulgärer – er wurde Morande.

»Danke, ein Morande genügt mir«, sagte ich. Ich wollte Pierre zurückhaben. Er lachte wiehernd, genau wie Morande. Ich plapperte weiter: »Da Morande Lord X nie begegnet ist, verlässt er sich entweder auf das, was ich ihm erzählt habe, oder auf das, was der Neid auf einen Mann ihm einflüstert, der das Herz auf dem rechten Fleck hat.« Ich stockte. »Aus Angst vor Letzterem habe ich Lord X nie erwähnt.«

Pierre belohnte mich sofort mit dem vergnügten Losprusten eines Kindes, das auch ohne jeden Anlass fest entschlossen ist, seinen Spaß zu haben. Ich gab sofort nach und lachte mit. Je mehr ich lachte, desto undefinierbar komischer kam das Ganze mir vor. Als das Lachen endlich versiegte, war ich außer Atem. Zum ersten Mal benutzte ich im Gespräch mit einem Fremden die Mehrzahl und sagte: »Eines Tages werden wir in der Hölle landen und sie drollig finden. Wir werden kichern. Der Teufel wird mitkichern, und dann muss der heilige Petrus, der nie lacht, uns retten.«

»Uns.« Erschrocken änderte ich sofort den Kurs.

»Lord X meint es gut. Leute mit schlechtem Charakter können eine solche Seele von Mensch nur beneiden, aber verstehen werden sie sie nie«, sagte ich nachdrücklich und setzte auf Pierres gutes Herz. »Lord X sorgt sich um mein Wohlergehen auf eine Weise, die Morande völlig wesensfremd ist. Und es lag nicht an mir zu entscheiden, ob ich zum Objekt leidenschaftlicher Mutmaßungen werden wollte.«

Plötzlich hörten wir von oben Stimmen, eine leise und eine laute. Ich erkannte James' Murmeln und Morandes schrille Antwort. »Ich frage mich, was Morande im Schilde führt«, sagte ich zuversichtlich. Mit Morande wurde James spielend fertig.

Pierre wurde wieder ernst und wandte mir erneut seine ungeteilte Aufmerksamkeit zu: »Ich habe von den Mutmaßungen um Euer ›Geheimnis‹ gehört. Nur die Gründe dafür konnte ich mir nicht vorstellen.«

Morande hatte die Tür meines Ankleidezimmers erreicht und wollte ihr Schloss offenbar aufhebeln. Ich hatte seine rücksichtslose Neugier vorausgesehen und entsprechende Vorkehrungen getroffen. James war ihm nachgegangen, und wir hörten, wie er Morande aufforderte, von der Tür abzulassen. Dieser hatte aber jede Selbstbeherrschung verloren.

Oben entstand Tumult, etwas polterte, und dann war plötzlich Stille. Ich fragte mich, ob es Morande gelungen war, in mein Ankleidezimmer einzudringen, oder ob James ihn niedergeschlagen hatte. Ich zwang mich zur Ruhe. *Novit Deus optimus.* Pierre war nervös. »Sollen wir nachschauen?«, fragte er. Wie ich hörte, wurde auch Lucas im Korridor unruhig.

Meine Antwort bestand darin, seine Frage zu überhören.

»Wisst Ihr, Sieur de Beaumarchais«, kam ich direkt auf die delikate Angelegenheit zu sprechen, »die Gerüchte, ich sei eine Frau, sind schon lange im Schwange, schon Jahrzehnte, seit der liebestrunkene Prinz von Conti mich am französischen Hof als männliche Madonna vorgestellt hat, und alle wussten, dass er ausschließlich Damen begehrte. Also nahm man an, ich sei eine Frau. Ich verdanke Prinz von Conti mein Leben in Sankt Petersburg und meine enge Beziehung zum König. Aber ich habe ihn seitdem nie wiedergesehen. Seine Gefühle für mich machten mir zu schaffen.«

Der französische Hof hatte die Vernarrtheit des Prinzen von Conti hingenommen, ohne sie zu verurteilen, während man sich das Maul zerriss über Pierres Beziehung zu einem liebestollen alten Herzog, der ihm seinen letzten Sou in den Rachen warf. Das war etwas anderes, denn Pierre plünderte eine Klasse aus, der er nicht angehörte. An und für sich rümpfte niemand wegen meiner Androgynie die Nase. Auch in England wurde sie ignoriert, bis sie plötzlich auf öffentliches Interesse stieß und man anfing, Wetten darauf zu platzieren. »Hier in England ist mein Geschlecht in den Mittelpunkt äußerst vulgärer Spekulationen gerückt«, sagte ich. »Aber diese Kerze habe ich selber angezündet, und es wird einfach eine Weile dauern, bis sie erlischt.«

Er nickte. Sein Blick glitt über meine Brust, die Nippflut eines Busens, der beiderlei Geschlechts sein konnte. Er wallte leicht unter seinem Starren. Frauen sind diese Augengier gewohnt, und ich schreckte nicht zurück. Dann kehrte der männliche Morande jedoch zur Bibliothek zurück und knurrte Lucas an, sich wieder hinzusetzen. Seine Perücke saß schief, die Bänder an seinem Rock waren lose und sein Hemd am Kragen eingerissen. Auf der Wange hatte er einen großen Bluterguss. Der gute alte James folgte ihm, ruhig und gepflegt wie eh und je, und das Hausmädchen eilte mit einer neuen Platte Scones herbei. James blieb an der Tür stehen und beobachtete Morande, der unheilvoll ruhig war wie der Himmel kurz vor einem Sturm. Habe ich schon erwähnt, dass James ein Hüne war? Er allein überragte Morande, der es nicht gewohnt war, dass jemand größer war als er.

Ich hatte im Abriss meines Lebens die Zeit und den Ort erreicht, wo Pierre mir Monate zuvor seine Aufwartung hatte machen wollen und mir nach meiner Zusage einen Korb gegeben hatte. Ich ließ das auf sich beruhen. Ich warf ihm keine Unhöflichkeit vor. Im Grunde genommen hatte es sich ja positiv ausgewirkt, weil es mich dazu gebracht hatte, London zu verlassen und mein Werk abzuschließen.

Morande zitterte vor Wut. Er gab eine klägliche Figur ab. Sein ganzer Körper musste schmerzen und brennen. James ließ ihn nicht aus den Augen. Ich entdeckte jedoch etwas, das James entgangen war. In einer von Morandes großen Hosentaschen steckte eine zusammengeknüllte Schnürbrust. Ein Stück ragte heraus. »Ich bin Freimaurer«, erklärte ich Pierre, der das ebenso wissen musste, wie ich wusste, dass er einer war. »Ich bin gerade in die Loge der Unsterblichkeit in der Strand aufgenommen worden. Ist sie Euch bekannt?« Sie musste ihm bekannt sein.

Überaus bemerkenswert, wie ungerührt ich über andere Dinge sprechen konnte, während mir vor der Vorstellung graute, dass Morande tatsächlich die Geheimnisse meiner Garderobe gesehen hatte. Ich klammerte mich an die Konversation und sprach mutig weiter, bis ich die Gefahr frontal und nach meinen Vorstellungen angehen konnte. Ich gab Morande einen kräftigen Schubs. »Das Wort ›Unsterblichkeit‹ ist notabene für unseren Freund Morande hier ein Lebenselixier«, legte ich dar. »Kennt Ihr seine Gletscherpläne?« Morande hatte mich angefleht, meiner Loge seine Aufnahme vorzuschlagen. Die Freimaurer ahnten jedoch nichts von meiner Freundschaft mit ihm und wären angewidert gewesen.

Jetzt fand Morande die Sprache wieder. »Lass mich gefälligst aus dem Spiel und sprich von dir. Warum versperrst du dein Ankleidezimmer? Warum? Versperre ich meine Türen, wenn mein bester Freund zu Besuch kommt? Nein. Was versteckst du vor mir?«

»Ich schließe natürlich ab, weil dort meine Abendkleider hängen«, erwiderte ich und sah zu ihm auf, »meine Schleifen, Schürzen und Näharbeiten. Warum sonst sollte ich abschließen?« Ich wandte mich wieder Pierre zu und fuhr fort: »In der Loge der Unsterblichkeit habe ich John Wilkes kennengelernt.«

John Wilkes! Der berüchtigte John Wilkes, Verleumder und Pornograph. Wilkes der Lustmolch, Wilkes die spitze Zunge, Wilkes der Held, der Robin Hood Londons. Er hatte in Paris Zuflucht gesucht, als ich mich in London verbarrikadiert hatte. Wie ich war er der Stolz einer Stadt im Ausland gewesen. Die Wertschätzung der Franzosen hatte ihn aber so kaltgelassen wie die Avancen einer lästigen Frau, und er hatte Heimweh. Er war nach London zurückgekehrt und bereit gewesen, seine Gefängnisstrafe im King's Bench zu verbüßen. »Ich habe ihn dort besucht. Er speiste in seiner Zelle Austern«, erzählte ich Pierre, »das Geschenk eines Anhängers. Noch nie habe ich einen Menschen auf diese Weise Austern schlürfen sehen. Er liebt lebendes Fleisch. Sein Gesicht troff von ihrem Saft.« Ihm wurde nachgesagt, so unzüchtig zu sein, wie ich keusch war, er war definitiv so hässlich, wie ich bildschön war, und er schielte zum Gotterbarmen. »Dass er ein Ausbund an Scheußlichkeit ist, hat aber keine Spuren auf seinem Geist hinterlassen.« Wir hatten Amerika erörtert, seinen Traum, dorthin auszuwandern und für eine neue Lebensweise ohne Monarchen zu kämpfen. Ohne Aristokratie. Ich war wie im Fieber vor Schwärmerei! Ich schwor ihm, ich würde ihn unterstützen, und ich schwor, mein König würde sich für die Sache der Amerikaner einsetzen, auch wenn das ungereimt klang: ein König, der eine Rebellion unterstützt. »Wir haben uns mit der Frage der Geldbeschaffung befasst«, erzählte ich

Pierre und übersah Morande, der immer noch bebend neben mir stand. »Revolutionen haben einen gesegneten Appetit.«

Nach Ende seiner Gefängnisstrafe wollte Wilkes seinen alten Sitz im Unterhaus wieder einnehmen. Nach meinem Besuch in seiner Zelle setzte ich sofort einen Brief an Louis auf: »Begehren Euer Hoheit einen Aufstand bei der Parlamentseröffnung nach der nächsten Wahl? Falls dem so sein sollte, benötige ich mindestens eintausend Pfund, um John Wilkes zu bezahlen. Er ist es wert. Bei den Engländern genießen unsere Verräter Kost und Logis, die gelobt haben, Eure Majestät vom Thron zu stoßen. Sie sind Bomben, die jene scharf gemacht haben, um sie bei nächstbester Gelegenheit in unserer Mitte zu zünden. Wir müssen ebenfalls eine Bombe zünden können!«

Louis schickte mir kein Geld für John Wilkes, denn als dieser einen Monat später freigelassen wurde, zettelte er auch ohne Bezahlung einen Aufstand an.

Einmal war mir Lord X gegenüber der Fehler unterlaufen zu erwähnen, dass ich Wilkes getroffen hatte. Er erstickte fast an seinem Portwein. Ich fügte eilends hinzu, Wilkes sei eine Bedrohung. Lord X gebot mir mit der Hand Schweigen: »Bitte keine Einzelheiten!« Er glaubte beileibe nicht, es könne ein Land ohne Monarchen geben, wie er sich auch keinen Gentleman ohne tadellose Manieren vorstellen konnte. Wir behandelten das Thema bei einem einvernehmlichen Gedankenaustausch über einer Partie Cribbage.

Pierre war so gefesselt allein von Wilkes' Erwähnung, dass er meine aus Morandes Hosentasche baumelnde Schnürbrust gar nicht bemerkte. »Auch wir müssen über Amerika sprechen«, sagte er. »Kommt, setzt Euch zu mir!« Er wollte mir zeigen, dass ihm nichts an Morande lag. Ich setzte mich sofort zu ihm auf die Chaiselongue, und James' Hand schloss sich schraubstockartig um Morandes Oberarm und hielt ihn an seiner Seite fest.

Wie drei brüderlose Seelen
Brüderschaft schwören

S etzt Euch bitte, Sieur«, sagte James zu Morande und deutete auf einen Stuhl weiter weg. »Ich bitte um Entschuldigung wegen der Treppe.«

»Er hat mich rückwärts die Treppe runtergestoßen!«, rief Morande zu uns herüber.

»Es ist Eurem Gast nicht gelungen, das Schloss zu knacken«, sagte James unerschrocken. »Er hat die Tür daher aufgetreten. Sie ist schlimm gespalten. Ich bedaure zutiefst den Schaden, den Ihr der Tür zugefügt habt, und ich bedaure den Schaden, den ich Euch zugefügt habe. Die Tür hat ihn nicht verdient.«

Ein Diener von James' Statur kann so mit einem Gast sprechen.

Morande riss die Rohrschnürbrust aus der Tasche. Er stand da und wedelte damit, sagte aber nichts. Ich musste sie auf einem Stuhl liegen gelassen haben; ich hatte mehrere. Das hatte nichts zu bedeuten. Eine feste Frauenschnürbrust kann einem Mann mittleren Alters dazu verhelfen, in die Kleidung seiner Jugend zu passen. Ich sah die Schnürbrust an und lächelte tapfer: »Das ist meine Rückenstütze, Sieur.« Ich bemühte mich, nicht verunsichert zu klingen. »Wenn man im Schlachtgetümmel bei vollem Galopp aus dem Sattel gestoßen wurde, braucht man fortan eine Rückenstütze. Es ist nicht leicht, eine in kleiner Größe zu finden, da ich kleiner als die meisten Männer bin. Was mich nicht daran hindert, dich mit einem Degen zu durchbohren, wenn mir der Sinn danach steht.« Pierre wiederholte das: »Dich mit einem Degen zu durchbohren, wenn mir der Sinn danach steht!« Er merkte anscheinend gar nicht, dass er das laut sagte.

Morande und ich waren verlegen. Dann gab Morande auf, machte sich stirnrunzelnd von James los und schleuderte ihm die Schnürbrust entgegen. James fing sie in der Luft, als gehörte das Abfangen fliegender Schnürbrüste zu seinen Alltagsaufgaben, und zog sich kommentarlos zurück. Morande tat, als wäre nichts Außergewöhnliches vorgefallen und es gäbe die blauen Flecken von seinem Treppensturz nicht. Den Stuhl, den James ihm ausgesucht hatte, verschmähte er schnaubend und warf sich zu uns auf die kleine Chaiselongue, sodass ich zwischen den beiden Gentlemen wie ein Stück Obst zusammengequetscht wurde. Er legte mir einen schweren Arm um die Schultern, richtete seine Worte direkt an meine arme Nase und stank aus dem Mund wie ein offenes Grab. »Pierre hat recht. Wir sind nicht hergekommen, um deine Vergangenheit zu besprechen oder auch nur deine geheimnisvolle Gegenwart zu betrachten. Wir müssen über die Zukunft reden. Du bist ein hervorragender Unterhändler. Und du weißt mehr über Finanzen als wir. Wir drei haben eine gemeinsame Zukunft.«

Ich konnte der körperlichen Beengtheit nicht entkommen. Ich konnte nicht aufspringen oder protestieren. In der Hitze und dem Gestank ihrer Körper würde mein eigener verfaulen. Die beiden sahen darüber hinweg, dass ich in der Klemme steckte. Sie zündeten sich Zigarren an, stießen Rauch aus und besprachen »unsere Zukunft«, die in der amerikanischen Unabhängigkeit begründet lag. Ich bekam sie kaum mit: Der verheißungsvolle Kontinent war so weit weg, dass er mir unter ganz anderen Sternen zu stehen schien. Ob wir ihn schon bald zu Gesicht bekommen würden? Selbstverständlich! Morande wollte sich ein Städtchen mit vertrautem Klima und Boden suchen und es Nouvelle Bourgogne nennen. »D'Éon, du wirst Wein anbauen. Ich gründe eine Zeitung. Ach, du kannst auch die Truppen ausbilden, d'Éon. Die meisten dürften amerikanisierte Engländer sein, aber sie kämpfen wie die Indianer. Die kämpfen schmutzig.« Allmählich gewöhnte ich mich daran, zwischen den beiden Männern eingekeilt zu sein, und akzeptierte die Einschränkungen.

»Ihre Soldaten sind anders als unsere Soldaten«, erklärte Pierre mir. »Geld ist denen egal. Die wollen bloß siegen. Die wollen bloß Waffen, damit sie den Krieg so führen können, dass sie siegen. Und die kaufen sie von jedem. Auch vom ehemaligen Feind. George Washington. Ein Halunke. Er hat den Krieg der Engländer gegen Neufrankreich vom Zaun gebrochen. Ich traue ihm bis heute nicht. Aber ich traue seiner Sache. Wir hatten eine ausgezeichnete Vereinbarung eingefädelt – wir schicken ihnen Waffen, sie schicken uns Tabak. Aber unser Schiff ist beschlagnahmt worden.«

Bis zu diesem Augenblick hatte ich wie eine nutzlose, zwischen zwei kraftstrotzenden Bietern eingeklemmte Frau dagesessen, und mein Verstand war bestenfalls eine Art Parfum gewesen, um meine Weiblichkeit zu betonen.

Aber als ihr Problem aufs Tapet kam, kehrten meine Kräfte zurück. »Und jetzt wollt Ihr Euer Debakel wiederholen!«, konstatierte ich.

»Man gewinnt und verliert Geld lieber bei einer edlen Sache als bei einer erbärmlichen!«, warf Pierre ein. »Wir haben Geld verloren. Wir dachten, Euch fallen vielleicht Mittel und Wege ein, wie wir es zurückkriegen können.«

Anders als Morande verstand und respektierte Pierre meine finanzielle Expertise ebenso wie meine Kenntnisse der logistischen Erfordernisse einer erfolgreichen Armee. Zwei Stunden nach unserer ersten Begegnung hatte Morande den nächsten Schwung Scones sowie ein Pfund Streichrahm und Marmelade verschlungen, meine kostbaren Perserteppiche waren krümelübersät, und meine Mitwirkung an ihrem neuen Unternehmen zu Waffenlieferungen an die Amerikaner war besiegelt. Aus meiner Militärzeit wusste ich, welche Versorgungsgüter am meisten gebraucht wurden; meine Kostenschätzung war zurückhaltend, mein Vorschlag zur Mittelbeschaffung diplomatisch. Ältere Waffen, die nicht mehr gebraucht wurden, konnten wir direkt bei der Armee kaufen. Privatanleger? Das waren Korinthenkacker. Denen musste man gut zureden. Wenn Frankreich und Spanien den Löwenanteil ihrer Kolonien in der Neuen Welt verloren hatten, konnten reiche Einzelanleger sie zurückgewinnen.

Das beschlagnahmte Schiff konnte durch gewiefte Bestechung und mit Unterstützung durch Morandes unendlich versöhnlichen Vater zurückgewonnen werden.

Pierre sah das genauso und machte es vor: Er spielte Morande Junior, der schwülstige Abbitten und Erklärungen der Sohnesliebe vorbrachte. Dann spielte er Morande Senior, der sich die Augen trocknete und eine liebevolle Antwort aufsetzte. Dann war er wieder Morande Junior, der seinen Vater anflehte, ihm zu helfen, das Schiff zurückzugewinnen.

Er freute sich, als er merkte, dass wir uns seinen Wahnvorstellungen anschlossen. »Kein Vater kann seinem Sohn etwas abschlagen«, schloss er.

Die Nachmittagssonne erleuchtete unsere wieder aufgeheiterten Gesichter. Ich fühlte mich auf der Chaiselongue wohl. Wir stießen auf unsere Vereinbarung an. »Auf der Welt wimmelt es von leidigen formellen Bekanntschaften«, sagte Pierre. »In meiner Familie habe ich nur Schwestern. Aber jetzt habe ich echte Brüder.« Auch er legte mir den Arm um die Schultern. Er war leicht und duftete nach Rosenwasser.

Wie ein Brand in London
meine Identität verriet

Etliche Nächte darauf hatte Morandes Vater den leidenschaftlichen Brief seines Sohns noch immer nicht
beantwortet, aber dafür traf der großzügige Vorschuss
des französischen Königs in London ein. Morande steckte nur zu gern die gesamten eintausend Exemplare seiner
Memoiren einer einflussreichen Dame in Brand. Neun-
hundert davon bestanden sowieso aus unbedrucktem
Papier, aber das konnten die Zeugen des Königs, die
die Verbrennung beglaubigen sollten, nicht sehen. Unter Ausschluss der Öffentlichkeit veranlasste Pierre das
Autodafé in den Marylebone Gardens, denn das war ein
Theater, und die Verbrennung war ein Spektakel erster
Güte, wenn auch nur für uns inszeniert. Die Zuschauer
beschränkten sich auf Morande, Pierre, James in seiner
Eigenschaft als Normanne, die beiden offiziellen Zeugen
des französischen Hofs und mich.

Leider schürte das große Feuer auch wieder die Frage
meines Geschlechts. Ich tat nämlich etwas, das mich verriet. Während die anderen auf Sicherheitsabstand zur
Hitze blieben und ängstliche Mienen aufgesetzt hatten,
hielt ich mich dicht an den Flammen. Als die beiden Zeu-

gen von einer Flasche Champagner abgelenkt wurden, die ich zur Feier des Tages mitgebracht hatte, streckte ich voller Vertrauen in meine Schnelligkeit und Fingerfertigkeit beide Hände in die Flammen. Ich riss einen bedruckten Band heraus, den ich beim Aufschichten mit Vorbedacht an den Rand gescharrt hatte, und schob ihn als angekokeltes Souvenir in die Hosentasche. Ich kam mir heldenhaft vor, aber Pierre verspottete mich später sanft und sagte, ich hätte mich wie eine Hausfrau aufgeführt, die am Herd eine verlorene Kartoffel rettet.

Pierres Blicke verfolgten mich den ganzen Abend; wie ein Rätsel studierte er mich. Ich klagte nicht wegen der Brandblasen an den Händen und tat so, als fühlte ich keinen Schmerz. Ein Jahr später schrieb er: »Darin kam deine weibliche Seite zum Ausdruck! Männer ertragen Schmerzen nicht so wie Frauen.« Er hatte alle möglichen Theorien über die Unterschiede zwischen Männern und Frauen. Ich teilte sie nicht, weswegen er mich vielleicht erst recht für eine Frau hielt. Eine Zeitlang ging ich davon aus, dass sich Pierre beim Anblick meiner Hände in den Flammen in mich verliebt hatte.

Während die beiden Zeugen von einer weiteren Flasche Champagner abgelenkt wurden, zerlegte ich den aus dem Feuer geborgenen Band und verteilte die Seiten auf uns drei – jeder von uns hatte ein kleines Papierbündel in der Tasche, während wir dastanden und in die Glut schauten. Ich würde Ihnen in der Zukunft zu gern mein Drittel zu lesen geben. Bei Morandes Darstellung, wie eine Hure einen König beherrschen kann, müssten Sie einsehen – nur falls Sie das nicht längst wissen –, dass romantische Liebe das Lieblingsspielzeug des Teufels ist.

Als das Feuer niedergebrannt war, konnten wir die

lästigen Nichteingeweihten loswerden, indem wir ihnen die erste Kutsche nach London zurück anboten. Wir hatten Hunger, wie das nach großen Gefühlsaufwallungen so ist, und zogen uns zu Entenbraten mit Maronen und Ale in die Rose Tavern zurück. Dort herrschten Schummerlicht und Trunkenheit, was unserer Stimmung entsprach. Wir debattierten, was mit Morandes Geldsegen am besten anzufangen sei, und ich schlug vor, die Hälfte davon in Munitionsaktien anzulegen. Da waren riesige Dividenden zu erwarten. Die Nachfrage nach Gewehren überstieg immer noch das Angebot, weil der Sklavenhandel Englands gesamte Waffenproduktion aufgesogen und nach Afrika umgelenkt hatte. Mit der anderen Hälfte sollten nach meinem Dafürhalten Tabakaktien erworben werden, denn die Tabakpreise waren in den letzten Jahrzehnten ins Bodenlose gefallen und mussten sich irgendwann erholen. Ich sagte ihnen voraus, der Bärenmarkt würde nach dreizehn Jahren endlich ein Bullenmarkt werden. Meine glorreichen Zechbrüder wussten nicht, wovon ich sprach. Im Zwielicht hob ich mein Glas und brachte den Trinkspruch vom guten alten Alexander Pope aus:

> *Schenkt uns ein aus vollen Pullen;*
> *Götter soll'n den Kurswert mehren:*
> *Selbst Europa liebt den Bullen,*
> *Jupiter vergrault den Bären.*

Ich übersetzte es für Pierre, der kein Wort Englisch sprach, aber auch auf Französisch bekam er den Sinn nicht zu fassen. Ich erklärte es ihm so langsam und geduldig, wie ich nur konnte. Morande und er stützten die

Ellbogen auf den Tisch und versuchten angestrengt zu begreifen, wovon ich redete. Dann erklärte ich ihnen, was man unter einer »Brennstoffkrise« verstand – die steigenden Marktpreise für Holz. Weil einmal gefällte Bäume nicht nachwuchsen und Holz knapp wurde. In zwanzig Jahren hatte sich der Preis für ein Klafter Holz schon verdoppelt. Was für die Armen erdrückend war, begünstigte uns, die d'Éon-Beaumonts, mit den großen Wäldern in der Bourgogne. Reichtum war für Pierre ein Aphrodisiakum. Er hatte einst Wald zu kaufen versucht und war gescheitert.

Amerika, erinnerte er uns, bot unbegrenzte Wälder, genug, um Europa bis ans Ende der Zeiten warm zu halten.

Aber teuer in der Verschiffung über den Ozean, warnte ich. Tabak wog nicht so viel.

Als Morande nach draußen verschwand, um sich zu erleichtern, fuhr Pierre mir mit den Fingerspitzen über den Handrücken, der vom Abstecher in die Flammen leicht gerötet war. Ich zuckte nicht zurück. Er flüsterte mir ins Ohr: »Ihr habt so wunderschöne weiche Haut! Ich kenne Euer Geheimnis.« Ich tat so, als würde ich ihn nicht verstehen.

Wie ich ein Ein-Bürger-Königreich wurde, das erobert werden musste

Kurz nach der spektakulären Bücherverbrennung erkrankte Louis XV. an den Pocken und starb. Im Tod sah er so aus, als trüge er seine Seele im Gesicht; der Schorf war schwarz geworden. Binnen Sekunden übernahm sein Enkelsohn den Thron. Sein Gesicht war noch jung und glatt. Wieder ein Louis. Alle Welt bejubelte den Neuanfang. Mächtige Minister wurden entmachtet, andere wurden ernannt. Ich war nicht mehr der Intimus des Königs und stand nicht mehr auf seiner geheimen Soldliste. Die neue Regierung wollte nichts mit der alten zu tun haben, und ich hatte keine Freunde in ranghohen Stellungen. Den steilen gesellschaftlichen Abstieg konnte ich verkraften. Aber ich brauchte Geld zum Leben. Ich borgte von Morande und sah mich nach zusätzlichen Beschäftigungen um. Ich bemühte mich um eine Position als in London ansässiger Finanzberater erst am Hof des spanischen Königs und dann auch in Preußen bei meinem Bewunderer Friedrich dem Großen. Aber mein Ruf als Kampfhahn, der Duelle vom Zaun brach und sich mit den höchsten Obrigkeiten anlegte, wenn er sich beleidigt fühlte, eilte mir voraus. Niemand wollte es darauf ankommen lassen. Ich musste meinen vorletzten Butler und einen Koch entlassen. Dann die Lakaien und zwei Hausmädchen. Ich war so tollkühn gewesen zu glauben, mein Verstand könne mein Schicksal beherrschen. Jetzt bekam ich bei jedem verlorenen Penny Angst vor der Zukunft.

Gezwungenermaßen musste ich Morandes Beispiel folgen und Versailles für einen horrenden Preis meine kostbare Geheimkorrespondenz mit Seiner ehemaligen Majestät anbieten. Morande kam auf die Idee, die belastendsten Seiten aus dem Geschäft herauszuhalten. Blatt für Blatt vertraute ich sie durch eine Fuge den Eichenholzdielen in der Bibliothek von Lord X' Landsitz an, wo ich auch die mir verbliebenen Seiten von Morandes gesetzwidriger Kontrebande verwahrte. Meine Gastgeber ahnten nichts davon, hatten kürzlich aber eben diese Stelle im alten Fußboden für einen eigens angefertigten Teppich ausgewählt, der ihren Garten im Mai zeigte. Sie sollten nie erfahren, was sich unter ihren wunderschönen Blumen verbarg. Was ich dem König zurückzugeben bereit war, war blamabel genug – die Welt konnte erfahren, was Frankreich im Schilde geführt hatte: Zwanzig Jahre lang hatte der alte König gute Beziehungen vorgetäuscht und die ganze Zeit gegen Russland, Preußen, Spanien und Großbritannien intrigiert, die Länder ausspioniert, Pläne ausgeknobelt, wie sich ihre Wirtschaft destabilisieren ließe, und nach Schwächen in ihrem Militärapparat gesucht. England war sein größter Spleen gewesen. »Ich befinde mich mehr denn je in einer Stellung, in der ich Euer Majestät bei Eurem großen Geheimplan dienen kann, den Ihr nie aus den Augen verlieren dürft, wenn die Zeit Eurer Herrschaft Frankreich zur höchsten Blüte und England zur Demütigung und vielleicht völligen Zerstörung führen soll«, hatte ich ihm geschrieben.

Morande war darauf erpicht, mich so reich zu sehen, dass ich seine Darlehen zurückzahlen konnte, und war sicher, der neue König würde meinen gefährlichen Schatz kaufen. Pierre wollte den üppigen Preis, den er forderte, um mit mir zu verhandeln, gleich wieder in unser Waffengeschäft investieren.

Louis XVI. war jung, wollte hoch hinaus und höhnte anfangs nur: »Ich schere mich keinen Deut um diese alte Garde!« – da konnte sein Vorgänger ruhig im Grab gedemütigt und sein törichtes Ausspionieren anderer Länder ruhig öffentlich ruchbar werden. Was spielte das schon für eine Rolle? Dann erhoben aber die Berater des Königs Einwände. Besonders England würde – unabhängig von der Sorge um die eigene Sicherheit – mit Wut auf Frankreich reagieren, wenn meine Anregung von vor ein paar Jahren ans Licht käme, John Wilkes' Aufstand zu finanzieren, und erst das Ausspionieren der Kriegsflotte bekannt würde. England könne Frankreich sogar den Krieg erklären. Der junge König hatte keine Lust, in den Krieg zu ziehen. Er hatte aber auch keine Lust darauf, dass meine Papiere verbrannt wurden; er wollte, dass ihm jedes einzelne Dokument zurückerstattet wurde, damit er lesen, sich über den Autor lustig machen und dann alles beseitigen konnte. Er bot mir eine lächerlich geringe Summe an, die für mich ein Ding der Unmöglichkeit war. Ich wollte einen Vorschuss, der hoch genug war, um alle meine Schulden zu tilgen.

Mein Schriftwechsel mit dem alten König verdarb nicht, und einen Tumult konnte Frankreich sich zu dieser Zeit nicht leisten. Yeux d'Ange musste ausbezahlt werden. Die Regierung fasste wieder Pierre Caron de Beaumarchais ins Auge, den Unterhändler, dem es gelungen war, Morande zu zähmen. Er avancierte am neuen Hof zum »Botschafter bei Charles d'Éon«, als wäre ich ein Ein-Bürger-Königreich, und wurde nach England gesandt. Seine einzige Aufgabe war, mich zur Unterwerfung zu verführen.

Niemand ahnte, dass längst ich ihn zur Unterwerfung verführt hatte.

Wie die Unterwerfung Gemeinschaft bot

Es war einmal vor langer Zeit, da hatte Kleopatra mit ihrem Geliebten Marcus Antonius um eine Million Sesterzen (was in Ihrer Zeit einer Million Dollar entspräche) gewettet, sie könne zehn Millionen Sesterzen für ein einziges Essen ausgeben. Nur zum Spaß! Sie meinte es ernst. Er verbrachte den Nachmittag mit Borgen und Stehlen, beide stapelten ihre Einsätze an den Enden der Tafel auf und setzten sich zu Tisch. Sie hatte sich für den Anlass fein gemacht und protzte mit der ganzen Armada ihrer Juwelen. Besonders überwältigt war er von der unschuldig wirkenden jungfräulichen Perle, die zwischen ihren Brüsten prangte. Es war die größte Perle, die er je gesehen hatte. Der erste Gang kam. Keine Kostbarkeit, ein mit Früchten garniertes Spanferkel. Sie konnte unmöglich gewinnen. Es war köstlich. Er vergaß ihre Wette. Er war selbst ein zur Schlachtung gefesseltes Ferkel, das trotz seiner jämmerlichen Verfassung noch ein Getreidekorn auftreibt und verschlingt. Beim zweiten Gang brachte ihr Sklave ihr eine Schale Essig. Der stechende Geruch stieg ihm in die Nase. Sie zupfte die riesige Perle aus ihrem Décolleté und ließ sie in die Lake fallen. Sie löste sich vor seinen Augen auf. Sie trank, erschauerte und sagte: »Da. Zehn Millionen sind verschwunden.« Ohne jede Ranküne zahlte er, wie sich das für einen Edelmann gehörte. Er fiel auf ihren Betrug herein. Auch eine kleine Perle braucht Stunden, um sich aufzulösen, und sie hatte eine eigens für diesen Anlass angefertigte Zuckerkugel getragen. In der Liebe und im Krieg geht es nie fair zu.

In England war das Wetten eine klassenübergreifende Unterhaltung. Die verschwitzten Straßenarbeiter sahen aus einem Graben hoch und verwetteten ihren Tageslohn auf die Frage, ob eine streunende Katze, die vor ihren Augen über die verkehrsreiche Straße schoss, von einer Kutsche überfahren würde. Die Familie des Verlierers musste halt hungern. Ein stinkreicher Agioteur, der in der Kutsche saß, die die Katze überfuhr, würde bei der Ankunft am Ziel seinen letzten Penny darauf verwetten, dass der von Würmern zerfressene Kadaver längst in irgendeinen Kochtopf gewandert war. Eine Delegation wurde ausgeschickt, um das zu ergründen. Er johlte, wenn er gewann, und wenn er verlor, zuckte er die Achseln und bewies damit, dass sein Reichtum unbegrenzt war. Natürlich wettete er kurz darauf auch auf mein Geschlecht. Er wettete doppelt: erstens auf mein Geschlecht, Mann oder Frau, und zweitens darauf, dass die Wette nicht wieder aus Mangel an Beweisen annulliert würde wie beim ersten Mal. Aus Mangel an meiner Kooperationsbereitschaft. Bei seiner dritten Wette ging es dann darum, ob die Frage auf die eine oder andere Weise vor Weihnachten beantwortet würde. Dann vor Ostern. Er verlor weiter Geld. Ich hatte jede Menge Zeit, mir meine Strategie zurechtzulegen.

Ich amüsierte mich, als die Quoten 9 zu 4 standen, dass ich ein Mann sei. Auf der Straße bewegte ich mich mit kleinen Trippelschritten, und sofort veränderten sich die Quoten auf 9 zu 7. Ich beteiligte mich an einem Fechtturnier und gewann den ersten Preis; die Quoten änderten sich. 9 zu 2.

Dieser Wettkampf machte mir aber zu schaffen. Zum ersten Mal musste ich mich für einen Sieg anstrengen. Ich bekam Armschmerzen, und mitten bei einem Stoß hatte ich in der Hand plötzlich einen Krampf. Ich schickte ein Stoßgebet zum Himmel, mein Gegner möge schwach sein, und zum Glück stolperte er und fiel mir der Länge nach vor die Füße. Ich dankte dem HErrn. Dieses plötzliche Versagen war ein Schuss vor den Bug. Ich ahnte nicht, dass im Fall meiner Niederlage jemand, der mir lieb und teuer war, sehr viel mehr verloren hätte. Sie werden den Grund gleich verstehen.

Erst einmal suchte ich eine Erklärung dafür, dass ich auf einmal die Kontrolle über meinen Degen verloren hatte. Hatte ich etwas Falsches gegessen? Lag es an den Rückenschmerzen, die sich seit einiger Zeit beim Aufstehen meldeten? Sammelte sich der Rost und sickerte mir in die Arme? Ich musste die unvermeidliche Einsicht akzeptieren, dass ich anderen Meistern des Degens glich und nicht mehr so gut fechten konnte. Ich hatte ja auch schon unnatürlich lange gelebt und es in meine Vierziger geschafft. Von nun an konnte jedes neue Jahr auf meinem Grabstein stehen.

Ich wollte erhalten, was mir gegeben war, mein immer noch lilienwangiges Gesicht und meine ungewöhnlich sehnige Statur. Ich wollte die Zeit anhalten, indem ich ein Ganzkörperportrait in Auftrag gab, das mich als

Kriegsgott Mars zeigte, mit Helm, in braunem Waffenrock und roséfarbenem Umhang und mit einem Speer in
der Hand. Ich lachte mich wegen meiner Eitelkeit aus –
aber wenigstens konnte ich mich so an mich erinnern.
Und die Ähnlichkeit war verblüffend, ein geschmeidiger
Mars mit bübischem Gesicht. »Ein junger Mars!«, hatte
der Maler gesagt. Ich ersetzte einen großen Spiegel im
Entrée durch das Gemälde. Der Maler kam zu Besuch,
bewunderte sein Werk und hatte eine Bitte. Er wollte
mich noch einmal malen, diesmal als Kriegsgöttin Minerva. Nur zu gern! Er steuerte eine Perücke aus herabwal-
lenden grauen Locken bei, und ich setzte Mars' Helm auf
sowie den dreifachen Federbusch. Mars' Waffenrock ersetzte ich durch eines meiner schlichten braunen Kleider
und trug denselben roséfarbenen Umhang. Minerva war
muskulös, aber mädchenhaft. Der Maler ist in Vergessen-
heit geraten, mein Erscheinungsbild, an sich ein Zufalls-
funke in der Ewigkeit, wurde unsterblich gemacht. Der
Künstler verkaufte das Bild an den Meistbietenden, und
es hängt heute noch im großen Saal eines fernen Schlos-
ses, wo ich gelegentlich vorbeischaue und die Familie
verunsichere, die meine unerbetene Präsenz stört.

Dem Maler gefiel das Bild so gut, dass er seinen Erlös
verdoppelte, indem er Lithographien anfertigte, die in
London reißenden Absatz fanden. Er betitelte sie »Der
Chevalier d'Éon als Minerva«, und die Wetteinsätze auf
mein Geschlecht stiegen steil an. Die Börse explodierte
fast. »Mars oder Minerva?« fragte eine Zeitung.

Aber ich hatte mich verrechnet. Indem ich mein Geschlecht zu einem kostbaren Rätsel machte, sorgte ich
nicht etwa für meine Sicherheit, sondern setzte mich
weit größeren Gefahren aus, denn jetzt lohnte es sich,

mich umzubringen, und sei es nur, um mir die Hose runterzerren und mein Geschlecht begaffen zu können. Der Spaß an den Menschenmengen vor meiner Haustür war mir vergangen, als ein gedungener Schläger mich packte und nach meinem Gemächt grapschte. Zum Glück hatte ich ein Messer dabei.

Ich floh wieder zu Lord X aufs winterliche Land und machte seiner Bibliothek meine Aufwartung. Pflichtschuldig bewunderte ich seinen augenfällig ausgelegten neuen Teppich, wobei ich meine Täuschung viel mehr bewunderte; der Lord hatte nicht die leiseste Ahnung, dass sich unter seinem Teppich weit Kostbareres verbarg. Ich packte aus und richtete mich auf einen langen Aufenthalt ein. Noch am selben Nachmittag traf ein Brief von Morande ein, der den Frieden störte. In London kursierten Gerüchte, ich selber hätte an der Börse viel Geld auf mein Geschlecht gesetzt, hielte alle Welt zum Narren und würde mich an einer Wette auf etwas bereichern, dessen Wahrheit mir allein bekannt war. Irgendwann würden diese auf den Adlerschwingen der Zeitungen verbreiteten Gerüchte Lord X erreichen, und er würde sie missbilligen.

Fieberhaft überlegte ich hin und her, kam aber auf keine Lösung, was ich gegen den schlechten Eindruck tun konnte, den meine Gastgeber von mir bekommen mussten. Nachdem ich Morandes Brief gelesen hatte, bemerkte Lord X meinen Abstieg in die Trübsal. Nachdem ich das Thema in jahrhundertelangem Nachdenken von allen Seiten betrachtet habe, bin ich zu dem Schluss gelangt, dass er mich aufrichtig liebte. Er ertrug es nicht, mich leiden zu sehen. Er wies seine Dienerschaft an, mich ins Bett zu geleiten und mir alle Mahlzeiten dorthin zu bringen. Er verbannte alle Zeitungen aus dem Haus und las auch selber keine.

Aber schon im Morgengrauen kam es während eines Schneesturms noch schlimmer. Der verschlafene Butler holte mich aus dem Bett. Da seien zwei Besucher. Klugerweise hatte er sie gebeten, unten an der Treppe zu warten, obwohl sie darauf beharrten, sie seien Mediziner und kämen aus London. Ich ging allein auf Hausschuhen hinaus, das Inbild der Schutzlosigkeit, und blieb oben an der Treppe stehen. Sie seien geschickt worden, um meinen Körper zu »untersuchen«. Auch sie waren eindeutig Wetter, die in mein Geschlecht investiert hatten.

Zu ihrem Entzücken willigte ich ein, mich für sie auszuziehen, aber nur draußen, trotz der Eiseskälte, wenn ich mir meinen Zobelpelz um die Schultern legen könne. Sie waren einverstanden, und ich ging zurück in mein Zimmer. Sie konnten zusehen, wie sich der Schnee am Eingang häufte, aufgeregt wie Hunde, die auf einen Knochen hoffen. Sie sahen, wie ich im Mantel herunterkam, die Füße in Pelzstiefeln, der Butler mit einer Fackel in der Hand hinter mir, und die Muskete in meiner Hand zielte auf ihre eigenen Genitalien. Sie schossen in ihre Kutsche zurück, und der Kutscher peitschte die Pferde sofort in einen Galopp. Ich brauchte keinen Schuss abzugeben. Aber ich wusste, dass sie bald wiederkommen würden.

Der Butler versprach, den Besuch Lord X gegenüber nicht zu erwähnen. Ich schrieb ihm hastig einen Brief: »Ich vergehe vor Scham darüber, dass die Natur mich zu dem gemacht hat, was ich bin, und dass meine natürliche Veranlagung, wenig Leidenschaft für die Verstrickung in Liebeshändel mitzubringen, meine Freunde in

Frankreich, Russland und England in aller Unschuld zu der Annahme verleitet hat, ich sei eine Frau; die Niedertracht meiner Feinde hat all dies nur verstärkt.« Und dann schlüpfte ich nach draußen, wo meine eigene Kutsche auf mich wartete. Ich kehrte nach London zurück, um Lord X und seiner Gemahlin weitere Verlegenheiten zu ersparen.

Ich fuhr nicht direkt nach Hause, sondern machte halt beim Amtssitz des Bürgermeisters und unterzeichnete eine eidesstattliche Erklärung, dass ich in die Debatten um mein Geschlecht kein Geld investiert hatte. Dann stiefelte ich in das Kaffeehaus an der Hub Alley, die Heimstätte der Agioteure und Glücksspieler, und forderte jeden zum Duell, der mein Geschlecht infrage stellte. Niemand gab mir Satisfaktion. Ich verhöhnte die Wetter und ging. Die Quoten standen 9 zu 3, ich sei ein Mann. Zu Hause händigte James mir die Post aus. Ich zog mich in die Bibliothek zurück, wo ich immer glücklich war, und öffnete als Erstes den wichtigsten Brief von meinem Freund Pierre. Er nannte mich »mein Täubchen« und legte eine Abschrift des Briefs bei, den er dem König geschickt hatte: »Ich stelle Euch Hauptmann d'Éon zur Verfügung, Le Grand d'Éon, einen tapferen Offizier und begnadeten Diplomaten, der, soweit es *seinen Kopf* anbelangt, all die virilen Eigenschaften wahrer Männlichkeit aufweist.«

Er versicherte mir, er verhandle im Geheimen und ausschließlich in meinem Interesse, um dem König die Höchstsumme abzuluchsen, wie ihm das bei Morande gelungen war. Pierre hatte Louis XVI. versprochen: »Ich bringe Eurer Majestät den Schlüssel zu einem eisernen Panzerschrank, der mit *meinem* Siegel sicher versiegelt ist und alle Geheimpapiere enthält, die Ihr zurückzuerlangen bestrebt seid.« Er arbeitete noch an den Vertragsbedingungen. Der König stellte eine Forderung, die ich, wie Pierre wusste, äußerst ungern erfüllen würde – ich sollte England verlassen. Die unsittlich lockeren Gesetze Englands hatten mich zur Indiskretion verführt. Um mich zur Heimkehr zu zwingen, sollte ich in London nur einen geringen Vorschuss erhalten, und der Rest würde mir ebenso wie meine jährliche Pension nach Maßgabe meiner Mitarbeit erst in Versailles ausbezahlt. Der König hätte mich auf Dauer unter seiner Kontrolle.

Der Vorschuss würde genügen, um meine Schulden in London zu tilgen. Meine Dienerschaft wartete auf ihren Lohn, und sogar James dachte an Kündigung.

Pierre schloss seinen Appell an den König mit einem Appell: »Wenn man bedenkt, dass dieses Geschöpf, so verfolgt von aller Welt, einem Geschlecht angehört, dem alles vergeben wird, erfasst sanftes Mitgefühl das Herz.« Als ich das las, wurde ich bleich und zitterte.

Mitleid war mir noch nie erwiesen worden. Ich hatte es auch nie begehrt. Als ich den Parforceritt von Sankt Petersburg nach Versailles unternahm, um den Friedensvertrag zu überbringen, der den Krieg zwischen Russland und Frankreich beenden sollte, war mein Pferd Galleon gestrauchelt und hatte mich abgeworfen. Ich konnte ihn einfangen und den Gewaltritt noch weitere vier Tage fortsetzen, während mein gebrochenes Bein am Steigbügel baumelte und der blanke Schienbeinknochen herausstand und den Strumpf durchscheuerte. Ich erwartete kein Mitleid mit dem Schmerz. Ich erwartete eine Belobigung, weil ich den Friedensvertrag mit solcher Geschwindigkeit überbracht hatte. Ich erwartete

Orden, die mir an die Uniform geheftet würden. Ich hatte Galleon zuschanden geritten, und seine unabwendbare Notschlachtung tat mir am meisten weh. Meine Mutter machte sich natürlich Sorgen um mich, wie alle Mütter. Sie verbrachte ihr Leben in einem hübschen Landhaus mit üppig blühenden Gärten, saftstrotzenden Weinreben und gehorsamen Dienern, einem kühlen und abweisenden Ehemann, der sie auch noch besteigen wollte, als sie beide morsch und ausgedörrt waren, und trotzdem machte sie sich ein Leben lang Sorgen um mich. Ihr erster Sohn war als zartes Kerlchen mit vier Jahren gestorben, und ihr Körper brachte ein Mädchen nach dem anderen zur Welt. Ihre Tränen um ihren Erstgeborenen tröpfelten auf mich herab, weil ihr Körper ihr zu verstehen gab, dass ich ihr letztes Kind sein würde. Ihr Mitleid brachte mich in Harnisch, ich floh sie und ihr Wissen um mein wahres Geschlecht. Ich hatte nie ernsthaft darüber nachgedacht, ob ich in Wahrheit nun ein Mann oder eine Frau war. Stattdessen hatte ich einfach so gehandelt und gelebt, wie es mir gefiel. Auch in meinen Dreißigern, als ich noch gertenschlank und bildhübsch wie eine junge Frau war, konnte ich fechten, fluchen und rauchen wie ein widerlicher alter Mann. Für dieses großartige und außergewöhnliche Gottesgeschenk sollte man mich beneiden und nicht bemitleiden!

Die katholische Kirche hat das Selbstmitleid und die Ichbezogenheit zwar nicht in den Katalog der Todsünden aufgenommen, aber — seien Sie gewarnt! — sie rangieren gleich hinter Mord. In der Hölle der Wirklichkeit besteht die Strafe für Ersteres in ewigem Ertrinken in den Tränen, die man um sich selbst geweint hat, und für Zweitere im einsamen Lockdown in einem Spiegelsaal – selbst der Boden ist ein Spiegel. Ihr da vorne in der Zukunft gebt fremden Leuten sogar Geld dafür, dass sie sich Eure narzisstischen Rasereien anhören! In meinem Jahrhundert zählt Selbstbespiegelung zu den Exzessen der Jugend, denen man mit zwanzig Jahren entwachsen ist. Natürlich habe ich mir eine Zeitlang die Wunden geleckt, als Pierre – aber lassen wir das. Dazu komme ich noch. Ich begnüge mich mit der Andeutung, dass ich das, was später zwischen uns geschah, jahrelang bitter bereuen sollte.

In diesem Augenblick witterte ich im formellen Appell an den König aber noch keine Gefahren für mich und war nur bewegt von Pierres Anteilnahme. Meine Stärke löste sich auf wie Kleopatras Zuckerperle im Essig, ich trank das Gebräu bis auf den letzten Tropfen aus, schluchzte und fühlte mich plötzlich so zerbrechlich wie ein Kind, dem seine Einsamkeit bewusst wird.

Wie sich eine Jungfrau verliebt

In diesen ersten Augenblicken, beim gewagten Beginn meiner »Freundschaft« mit Pierre, glaubte ich, sein brieflicher Appell an des Königs sanftes Mitempfinden mit meiner weiblichen Seite bewiese Pierres echte Anteilnahme. Ich weinte mich aus, aber dann trocknete Obacht meine Tränen. Ich bewegte mich auf unbekanntem Terrain. Sein Brief an einen König, den er kaum kannte, musste ein Beeinflussungsversuch sein, eine List. Pierre führte etwas im Schilde. Mir sollte das recht sein. Ich würde mitspielen. Ein Schriftsteller behält die volle Kontrolle über seine Feder. Es würde eine bestimmte Verstellung aufrechterhalten – es konnte amüsant werden, »Pierre« lange Briefe in demselben klaren und unbeschwerten Stil zu schreiben, um den ich mich ein Jahrzehnt zuvor als Frau in Sankt Petersburg bemüht hatte. In meiner Zeit kann eine Frau ihre Intelligenz in der Öffentlichkeit – etwa in mächtiger Stellung am Hof – zur Schau stellen oder aber privat in ihren Briefen. Das tun wir alle. Wir lesen, wir schreiben, und wir steuern so manches Schiff.

Die täglichen Briefe, mit denen ich »Pierres« tägliche

Briefe beantwortete, änderten sich jedoch peu à peu, und bald wagte ich, Gefühle zu äußern, die man nur privat preisgibt. Er hielt es in seinen Antworten genauso. Wir gaben wohl beide die Verstellung auf. Ich fehlte ihm. Ich war »ein helles Licht in seinem dunklen Herzen«. Er hatte vor mir Frauen geliebt, aber Herzensglück hatte das Schicksal ihm nie erlaubt, sondern ihm die Frauen entrissen. Er hoffte, der Durst des Schicksals danach, ihn ins Unglück zu stürzen, sei endlich gelöscht. Ich schrieb zurück: »Bis heute ging es mir nur darum, Deine Verdienste zu würdigen und Deine Gaben und Deine Großmut zu bewundern, aber ich habe Dich gewiss schon geliebt! Nur war dieses Gefühl des Liebens für mich so neuartig, dass ich einfach nicht glauben konnte, es könne auf etwas anderes als die Trübsal und den Schmerz meiner gegenwärtigen Lage zurückzuführen sein.« Und ich unterschrieb als »Deine kleine Dragonerin«.

Woraufhin er etwas seltsam zurückschrieb: »Du wurdest erschaffen, um geliebt zu werden, und meine größte Seelenpein ist die Vorstellung, Dich hassen zu müssen!« Tja, er hatte jede Menge Erfahrung in Sachen Romantik und ich überhaupt keine. Ich akzeptierte seine Sachkenntnis und überließ ihm die Führung bei unserem *Pas de deux*, wie er das nannte. Nur korrigierte ich ihn: Bei uns beiden ginge es um einen *Pas de dieux*. Zum ersten Mal las ich wieder den Anfang von Abaelards *Historia Calamitatum* und studierte mit lebhaftem Interesse die leidenschaftliche Begegnung zweier verwandter Seelen.

Die spielsüchtigen Gentlemen in London wussten nichts vom Briefwechsel mit meinem feurigen Liebhaber. An der Londoner Börse blieb es bei der Quote 9 zu 3, ich sei ein Mann. Ich hatte natürlich immer Angst, mein

Briefwechsel mit Pierre würde nicht privat bleiben – wir waren für die Hautevolée von zu großem Interesse, und am Hof wurden Briefe, ob frei- oder widerwillig, schnell Gemeingut. Siegel garantierten keine Privatheit, denn sie konnten über Dampf geöffnet und dann wieder zugeklebt werden. Außerdem war es in allen Gesellschaftszirkeln gang und gäbe, neue Schreiben allen vorzulesen, die sie hören wollten. Mir war bewusst, dass meine Briefe harte Währung waren, vertraute aber darauf, dass Pierre dank unserer zunehmenden Vernarrtheit Diskretion üben würde.

Schon bald führte er sich auf wie ein bis über beide Ohren verliebter Junge und schrieb, er müsse mich unbedingt wiedersehen. Und auch wenn ich keine Sekunde lang daran dachte, meine Sittsamkeit aufzugeben, verlor ich doch meine angestammte Seelenruhe, als er an einem herrlichen Junitag nach England geeilt kam und dabei nicht nur unsere geschäftlichen Interessen im Sinn hatte. Ich machte die Erfahrung, wie sich ein pochendes Herz anfühlt, dieser auserlesene Schmerz, als James so tat, als spräche er kein Französisch, und meldete, ein »Mister Bow-mar-shay« warte im Salon »mit seinem Gepäck, Sir«. Der Besucher gedachte zu bleiben. Sein langes Gesicht und die großen Augen irritierten mich aufs Neue, aber nach wenigen Sekunden sah ich nur noch seine strahlenden Augen und den weichen Mund.

»Kein Sterbenswörtchen zu Morande, dass ich hier bin«, bat Pierre, nahm meine schwächere linke Hand und führte sie an die Lippen. »Er wäre eifersüchtig. Du kennst die Eifersucht nicht so gut wie ich.«

Morandes Eifersucht war mörderisch, aber er war ein Feigling. »Er peitscht nur mit der Zunge, und an unserer Stelle wird er nur seine Frau und den Hund seiner Kinder verprügeln«, sagte ich traurig. »Ich bin schon oft eingeschritten.« Pierre drückte sich meine Hand an die Brust und dann auf die Lenden. »Erzähl weiter«, sagte er. Leidenschaften interessierten ihn noch mehr als Geld. Ich wechselte aber das Thema, weil ich ungesunden Tratsch nicht mochte, und zog die Hand zurück. Das frustrierte meinen Gast, aber er respektierte meine Standhaftigkeit. Und ich dachte, er hätte verständlicherweise auch ein bisschen Angst vor Morandes bissiger Zunge und seinen sadistischen Phantasien. Er griff wieder nach meiner Hand und biss mich in die Handfläche. Meine Widerstandskraft schmolz dahin. Drei Tage vergingen. Wir feierten unsere Gemeinsamkeiten, waren wir doch beide als einzige Söhne in Familien mit zahlreichen Mädchen groß geworden, hatten das *beau*-, ›schön‹, in unseren Nachnamen und verfügten beide über eine vielseitige Bildung – und dann erforschten wir die vielen Unterschiede zwischen uns – *vive la différence!* Die gemeinsamen Stunden rauschten vorbei. Wir frühstückten jeden Morgen um zehn, eilten zu meiner Kutsche, um frische Luft zu schnappen, und machten lange Spaziergänge durch die Straßen und herbstlichen Parks. Er gab wenig auf seine Garderobe, kleidete sich aber in Pariser Seide, ich trug meine Uniform, beide puderten wir uns die Gesichter, trugen aber keine Perücken, und er hatte dunkle Locken und ich blonde. Wir setzten uns in das Kaffeehaus an der Change Alley mit den vom Pfeifenrauch gebräunten Wänden, bestellten zwei Kännchen Tee und verfolgten das Wettgeschehen, das zuverlässig auf meine Männlichkeit setzte. Wir rauchten und speisten zusammen in berühmten Kaffeehäusern, wo wir züchtig auf Abstand hielten und bald erkannt wurden, in lebhaften kleinen Wirtshäusern, wo wir eng beieinandersitzen konnten, und dann bei mir zu Hause, wo wir uns in meiner Bibliothek räkelten und einander Gedichte vorlasen. Ich bewunderte seine Schwächen, sogar sein fliehendes Kinn, weil es ihn verletzlich machte, und hielt immer Ausschau nach seinen Stärken. Sein glatter, starker Hals war kräftig und aufrecht. Auch wenn ich ihn nicht berührte, spürte ich schnell, wie Pierre ein Teil meines Körpers wurde, und vermisste seine Wärme, wenn er mehr als ein paar Zentimeter weg war oder sich in seine sorglos ausgewählte, aber immer kostbare Straßenkleidung gehüllt hatte. Noch heute erinnere ich mich an seinen Geruch. Er war sehr reinlich und duftete nach Rosenwasser und dem Schweiß eines Mannes, der wenig Fleisch aß. Ich nannte ihn einfach nur Pierre, meine Phantasie war von meiner Zuneigung wie gelähmt. Wenn ich den doch ganz gewöhnlichen Namen aussprach, fühlte ich, wie meine Lippen einen vollkommenen Kuss formten, sich kräuselten und dann öffneten. Pierre, der mich anfangs *Fer d'Éon* genannt hatte, ging dann zu *Fleur d'Éon* über, was dem kultivierteren Kuss entsprach. Ich lernte zu kaschieren, wie sehr ich ihn begehrte. Wenn sich seine Hand in der Öffentlichkeit in die Nähe der meinen verirrte, ging ich rasch (aber anmutig) ein paar Zentimeter auf Abstand. Ich ließ ihn nie in die Nähe meines Schlafzimmers, dessen Schmucklosigkeit ihn abgestoßen hätte. Wir überbrückten den Abstand zwischen uns mit Konversation; die leidenschaftlichsten Gespräche entspannen sich um Gerüchte und höfische Albernheiten, aber auch ernsthaftere Angelegenheiten wie Theater, Literatur, Finanzen und natürlich den Krieg. Er verlor nie das amüsante Ziel aus den Augen, mit seinen verschiedenen Geschäftsvorhaben reich zu werden.

Seine Planungen schlugen eine neue Richtung ein, als ich ihm erklärte, was eine Briefkastenfirma ist, und ihm vorschlug, eine solche Tarnung für unsere Waffengeschäfte zu suchen. Das Unternehmen sollte in Frankreich oder Spanien ansässig sein. Er solle mit Spanien anfangen. Ich erklärte ihm alles mit der Schafsgeduld eines Lehrers und half ihm beim Abfassen eines Briefs an seine alten und verlässlichen Freunde in Spanien. In England konnte John Wilkes uns helfen. Nachdem er aus dem Gefängnis entlassen worden war und im Unterhaus einen Aufstand angezettelt hatte, war er zu Londons Bürgermeister gewählt worden. Er war bereit zu einem Treffen.

Wir trafen uns in der City of London Tavern, dem Stammlokal der Gentlemen Supporters der Bill of Rights. Das Wort »Gentlemen« bezog sich nur auf ihr Geschlecht, nicht auf ihre Manieren. Ich brachte Pierre mit. Wilkes brachte Dr. Arthur Lee mit, einen amerikanischen Arzt, Anwalt und Essayisten. Auch er war so ein vielseitig begabter Mensch, der sich für unseren Kreis nur zu gut eignete. Wir bekamen eine Spezialität serviert, Schildkrötensuppe, von der sich in Amerika, wie Lee bemerkte, die Ärmsten der Armen ernährten. Wir hatten keine Zeit, daran Anstoß zu nehmen, weil er so viel redete. Sogar unser Gastgeber John Wilkes wurde mundtot gemacht. Als er schließlich aufstand und ohne ein Wort zu sagen ging, hielt Lee kurz inne und rief ihm nach: »Na, dann Wiedersehen!« Dann drehte er sich zu uns und bemerkte: »So ein grässlicher, unmoralischer Mann. Käuflich. Aber er bringt eine beispiellose Anteilnahme an den Armen mit.«

Lee war noch blutjung, sah aber Jahrzehnte älter aus und benahm sich wie ein Redner auf der Kanzel. Seine Monologe wurden von seinem kleinen Mund nicht behindert – er hatte die schmalsten Lippen, die ich je an einem Menschen gesehen habe. Wenn sich diese Striche einen Spalt öffneten – und weiter gingen sie nie auf –, sah man in seinem Mund einen windschiefen gelben Zaun. Er hatte sich nie auch nur die geringsten Muskeln angeeignet, war aber ein überzeugter und leidenschaftlicher Kämpfer vor allem gegen die Sklaverei. Er glaube nicht an GOtt, sondern an die Gleichheit aller Menschen, posaunte er herum. Sogar im riesigen Saal des Gasthauses mit seinen fünfhundert Speisenden erhob sich seine Stimme über das Getöse und verfocht unerbittlich – und obwohl niemand die Kraft aufbrachte, ihm zu widersprechen –, Gleichheit sei nicht nur möglich, sondern auf ganz praktischer Ebene erstrebenswert auch für jemanden wie ihn, den Spross einer begüterten Familie, die in Virginia mehrere Plantagen besaß. Lee hatte allen Grund, die Sklaverei schlimmstenfalls für ein notwendiges Übel zu halten, aber stattdessen trat er öffentlich vehement für ihre Abschaffung ein.

Dr. Lee konnte mich eindeutig davon überzeugen, dass an den Amerikanern irgendetwas Besonderes sein muss, denn in welchem anderen Land würde man so lautstark gegen die eigenen finanziellen Interessen zu Felde ziehen?

In Ihrer Zeit finden Sie natürlich arme Amerikaner, die von Wirtschaft und Politik keinen blassen Dunst haben, die die selbstsüchtigsten Pfeffersäcke anbeten und es ganz natürlich finden, dass sie deren Reichtum und Interessen niemals teilen werden. Wüssten sie von Dr. Lee, würden sie ihn bestenfalls für einen Traumtänzer halten, wahrscheinlich aber eher für eine ernste Gefahr, weil er die Ansicht vertrat, Land und Reichtum könnten gerecht verteilt werden. Sein Idealismus imponierte mir, und als wir wieder zu Hause waren, erklärte ich Pierre, wir wären jetzt vier Verschwörer, denn ab sofort gehöre Lee dazu.

Pierre war sofort dagegen – ein Tisch mit vier Beinen sei kippelig; Lee humorlos und primitiv. Und reich, entgegnete ich. Ein großherziger, wohlhabender Amerikaner wäre als Partner genau der Richtige.

Schon am nächsten Abend trafen wir uns mit Morande in meiner Bibliothek. Lee kam herein, hatte aber kein Auge für seine Umgebung und kein Wort der Bewunderung für das Haus und die Gemälde, die Bücher und die Teppiche. Er ließ sich einfach nur gleichgültig auf die Chaiselongue fallen. Als ich ihn auf die kunstvoll bestickten Polster in seinem Rücken hinwies, unterbrach er mich unsanft, deutete auf die beiden anderen, die es sich schon gemütlich gemacht hatten, und fragte, ob ich ewig stehen bleiben wolle. Daraufhin setzte ich mich neben ihn. Erneut beherrschte er das Gespräch, diesmal indem er Anordnungen bellte. Wir müssten in Frankreich Geld beschaffen, aber von der französischen Regierung, nicht von Privatanlegern. Die Franzosen sollten ihre Zukunft als Amerikas bevorzugter Geschäftspartner im Auge behalten. Ganz einfach.

Nur war das eben nicht so einfach, weil die Franzosen eine Heidenangst hatten, die Engländer zu verärgern. Feiglinge, sagte Lee.

Nur einmal gab er die Zügel der Konversation aus der Hand, beugte sich zu mir und fragte *entre nous* leise, ob ich wirklich als Minerva posiert hätte. Er hätte die entsprechende Lithographie gezeigt bekommen. Ich wusste, welche Tragweite meine Antwort haben konnte, und murmelte: »Das ist ein wunder Punkt. Im Endeffekt habe ich den Künstler deswegen vor Gericht gebracht.« Lee war sichtlich erleichtert. »Das war auch nur recht und billig!«, sagte er und rümpfte die Nase, prüde wie Queen Charlotte.

Ich merkte, dass Pierre, der das nicht mitbekommen konnte, meine Nähe zu Lee beobachtete, wie ein Hund einen Knochen bewacht, den er für sich haben will. Das amüsierte mich. Ich dachte, er würde jeden Augenblick anfangen zu knurren. Mir wurde klar, dass er sich nicht vorstellen konnte, wie treu eine liebende Jungfrau ist. Als die anderen gegangen waren, gab ich ihm darauf Brief und Siegel.

Er war aufgebracht. Er mochte Lee nicht. Warum legte der nicht selber Kapital an? Reich genug war er doch. Wenn er irgendeinen Monarchen um Geld angehen würde, dann war ihm mein Vorschlag lieber, es beim spanischen König zu versuchen. Natürlich ganz im Vertrauen. Am nächsten Morgen traf ich in seinem Zimmer seinen Butler Lucas, der Pierres Koffer packte. Pierre würdigte mich keines Blickes. Er bekräftigte noch einmal, dass er Lee nicht mochte, und es hätte ihn erbost, dass wir »wie zwei Mädchen« miteinander getuschelt hätten. Als ich sagte: »Da du Lee nicht magst, werden wir ihn natürlich nicht einbeziehen!«, legte sich sein Groll endlich, er schickte Lucas los, um eine Mietdroschke zu rufen, und lächelte mich an, als wäre alles vergeben und vergessen.

Die kurzsichtige Abneigung gegen Lee sollte ihn eines Tages um seinen gesamten Besitz bringen.

Abfahrbereit und die Ärmel des Leinenhemds hochgekrempelt, sodass ich in den Genuss seiner kurzen, starken Unterarme kam, kam er noch einmal mit derselben Leier an: Lees Vorschlag, Versailles einzubeziehen, wäre blühender Blödsinn, wir sollten die Franzosen nicht noch gegen uns aufbringen. Ein aufgebrachter Franzose reichte völlig aus – *hélas, hélas*, damit meinte er sich selbst, denn er wäre lieber in London und bei mir geblieben.

Ich achtete darauf, außer Reichweite seiner womöglich drohenden Umarmung zu bleiben, aber ich war sehr bald todtraurig über seine Abreise. Sein Fehlen riss ein klaffendes Loch in meine Aufmerksamkeit. In jeder einzelnen Sekunde konnte ich nur daran denken, wo Pierre jetzt war und was er gerade machte. Die Ungewissheit sickerte mir unerbittlich und wie Säure direkt ins Gehirn und bereitete mir die schlimmsten Schmerzen, die ich je gelitten habe. Kein gebrochener Knochen kann so wehtun. Meine Einbildungskraft konnte vorübergehend für Pflaster sorgen: Jetzt schlief er natürlich, während ich nicht schlafen konnte, jetzt schmauchte er eine Pfeife, was ich nicht auskosten konnte, jetzt aß er, während ich keinen Bissen herunterbekam. Außer es war ihm etwas Schreckliches zugestoßen! In Ihren Tagen gibt es Heilmittel gegen diese Formen des kleinen Todes, und so wird sehr viel Schmerz gelindert. Was mich in meinem Jahrhundert anging, so wies ich das Hausmädchen an, sein Bett nicht abzuziehen, weil er zurückkäme. Mehrere Nächte schlief ich in Pierres weichem Bett, mit dem Kopf auf seinem Kissen und unter seiner Decke. Dann riss ich mich zusammen und ließ das Hausmädchen das Zimmer sauber machen.

Pierres Abreise hatte zur Folge, dass ich der Börse und meiner ständigen Wertsteigerung für wildfremde Leute keine Beachtung schenkte. Pierres schüchterne Abbitte wegen seines Eifersuchtsanfalls nahm mich in Anspruch, denn Tag für Tag kamen rührend linkische Briefe, die ich mit zitternden Fingern aufriss. Ich antwortete in gleicher Weise und entschuldigte mich zuerst wortreich für mein albernes Getuschel mit Lee, wagte dann anzumerken, dass er mir fehlte, und gab zu, dass ich mich nach jedem Teil von ihm sehnte, ja, dass ich noch seinen Schatten zu schätzen wüsste. Der gefühlsbefeuerte Federkiel zitterte mir in der Hand. Im Spiegel sah ich eine Mater dolorosa, deren blaue Augen in Tränen schwammen.

Ich raffte mich zu meinem Hauptmannsornat auf und flanierte mit Lee durch den Hyde Park und tief in die Wälder. Klatschgeschichten langweilten ihn dermaßen, dass er sie gar nicht mitbekam und nichts von meiner Bekanntheit ahnte. Er interessierte sich nur »für ernsthafte Angelegenheiten«. Es war Frühsommer und viel zu heiß, als hätte die Sonne Übles mit uns vor. Lee ging, wie er redete, schnell und ohne Rücksicht auf Begleiter. Ich kannte den Weg, aber er ließ sich nichts sagen, sondern stürzte in die falsche Richtung und brach durchs Unterholz, ohne einen Gedanken daran zu verschwenden, ob ich ihm überhaupt nah genug auf den Fersen bleiben konnte, um seine Monologe mitzubekommen. Als wir schließlich eine Lichtung erreichten, packte ich ihn am Arm, um ihn zu zügeln, und kam darauf zu sprechen, wie wir wohlhabende Siedler (das »wie Euch« verkniff ich mir) dazu bringen konnten, persönlich in das Geschäft mit Waffen und Tabak einzusteigen. Ihre Plantagen würden davon profitieren.

Meine versteckte Anspielung auf sein Geld verdross ihn. Er reagierte gereizt wie alle Reichen, die einen im Verdacht haben, man interessiere sich für sie nur des Merkmals ihrer Biographie wegen, das ihnen gegenüber anderen einen großen Vorteil verschafft. Er ließ sich zu einer Antwort herab: »Halt. Ich erkläre Euch mal die Ökonomie einer Plantage ohne Sklaven.« Meine Ohren machten sich auf einen weiteren Vortrag über die Gleichheit der Menschen gefasst, aber plötzlich argumentierte er ganz sachlich. Lohnarbeiter müsse man nicht fürchten und im Zaum halten wie Sklaven. Lohnarbeit sei leichter zu kontrollieren. Und die Sklaverei versklave den Sklavenhalter in seiner Rückständigkeit. Sie hemme Wissenschaft und Bildung, weil sie die Ausbreitung in andere Wirtschaftszweige verhindere. Sie wirke sich, kurz gesagt, ungünstig auf den Handel aus. Der Handel sei König. Und Könige pflegten Umgang mit Königen. Was die Armeen von Louis XV. militärisch verloren hätten, müsse das Staatssäckel von Louis XVI. wirtschaftlich zurückerobern. Den Aufständischen vorsintflutliche Waffen zu verkaufen, wie ich (was ihm nicht bekannt war) vorgeschlagen hatte, reiche nicht aus. Lächerlich. Die Regierung solle ihnen neue kaufen. Die Sonne gleißte.

Ich sah ihn nicht wieder. Wie ich hörte, war er nach Paris gereist.

In den nächsten Monaten trafen Briefe von Pierre mit ebenso quälender Langsamkeit ein wie — worüber er klagte — meine Antworten. Nie erwähnte er in seinen Schreiben seine offizielle Mission, mich dazu zu bringen, meine streng geheime Korrespondenz mit dem alten König auszuhändigen. Auch ich brachte sie nicht zur Sprache, obwohl meine letzten Ersparnisse dahinschmolzen.

Ich schrieb ihm nicht, dass ich meine Gutenbergbibel verkaufen musste, von deren Erlös ich meinen Haushalt drei Monate lang finanzieren konnte. Bibeln bedeuteten mir nichts mehr. Amerika bedeutete mir nichts mehr. Meine *Liebhabereien* bedeuteten mir nichts mehr. Nur Pierre bedeutete mir noch etwas. Am Anfang hatte ich meine Verliebtheit nur vorgeschützt, aber dann war ich zum ersten Mal im Leben von Amor angeschossen worden.

Unschlüssigkeit

Ein Brief des neuen französischen Außenministers mit einem stammbaumvergoldeten Nachnamen traf ein. Das Siegel sah aus wie eine große Nachbildung der Schwäre an Morandes Mund, die ich damals verarztet hatte. Pierre hatte die unverhandelbaren Vertragsbedingungen nicht ändern können: Das in Aussicht gestellte Geld war an meine Rückkehr nach Frankreich und an meine Unterwerfung unter das dortige strenge Verleumdungsrecht gebunden. Außerdem gab es eine zusätzliche Forderung: Ich musste auf meine Dragoneruniform, meine Tapferkeitsmedaillen und meine Sammlung von Schwertern und Säbeln verzichten und mich ins einfache Bürgertum einfügen. Als Frau.

Ich hielt mich nicht mit einer Antwort auf. Wenn Sie glauben, der Brief hätte mich beunruhigt, muss ich Sie enttäuschen. Ich war nicht beunruhigt. Ich hatte absonderlichere Forderungen erwartet und war bereit, mich ihnen zu widersetzen.

Als Pierre mich dann aber bat, den Anordnungen des Königs Folge zu leisten, loderte das frisch in meinem Herzen entzündete Feuer auf. Er schob das eigennützige

Verlangen vor, mich in Frankreich und in seiner Nähe zu wissen. In England könne sich schließlich Morande um unsere Interessen kümmern, während ich in Paris ihm, Pierre, helfen könne. Meine Anwesenheit sei dringend erforderlich. Auch Arthur Lee, den ich so bewunderte, hielte sich in Paris auf. Wenn ich darauf bestünde, könnten wir dort alle zusammenarbeiten, an einem Strang ziehen und dazu beitragen, Amerika aus dem Sumpf der britischen Monarchie zu befreien.

Du musst schnell herkommen!, schrieb Pierre.

Ja! Ja!, antwortete mein Herz, und ich griff nach der Feder, um ihm zu schreiben.

Moment mal, warf mein geschwächter Verstand ein. London verlassen? Meine Bibliothek? Mein Haus mit all seinen Annehmlichkeiten? Das Land der freien Rede? Den lieblichen Zufluchtsort von Lord X und einen Freund namens Morande, der mir all seinen fürchterlichen Fehlern zum Trotz so viel bedeutete? Außerdem würde James für einen anderen arbeiten; undenkbar. Unter all diesen sich summierenden Bindungen an Orte und Menschen lag aber etwas viel Tieferes – das Bedürfnis nach Freiheit, zu sein, wer ich sein wollte. Konnten meine Gefühle für Pierre mich in die Schnürbrust zwängen, nur noch eine geistreiche Frau zu sein, die ihn anbetete? Was sollte aus dem Rest von mir werden? Es ging nicht um mein Kleid. Es ging um etwas viel Unscheinbareres und viel Bedeutenderes.

Das Erscheinungsbild zählt in meinem Jahrhundert nicht viel, wo die Jugendfrische schnell vergeht und Krankheiten und Unfälle die Menschen mit sichtbaren Narben zeichnen. In meiner Zeit kann man die Menschen schon allein an ihren Zähnen auseinanderhalten.

In Ihrer Zeit sind alle Zähne gleich, und die Schminke wird mit einem Chirurgenmesser aufgetragen. Wenn Sie Ihr Los als Mann oder Frau nicht hinnehmen, schneiden Sie eben etwas ab oder nähen etwas dran. Alle Subtilität wird verbannt. Alle zarten oder strudelnden Unterströmungen werden ignoriert. Und das nennen Sie »Fortschritt«! Sie tun mir leid. Sie werden nie die wahre Freiheit kennenlernen, die uns zuteilwird, wenn das Äußere nicht zählt und wir ignorieren, ob wir Brüste oder glatte Haut haben. Männlich oder weiblich, jung oder alt, dunkel- oder hellhäutig können wir uns erst dann fühlen, in jeder neuen Stunde so, wie es uns gerade passt, wenn wir nicht mehr von Äußerlichkeiten beherrscht werden.

Die Natur hatte mir zugegebenermaßen das großzügige Geschenk gemacht, äußerlich beiden Geschlechtern anzugehören. Hierher rührte die öffentliche Verwirrung. Ich war mit einer Stimme gesegnet, die für einen Mann als sehr hoch und für eine Frau als sehr tief galt. Ich war groß für eine Frau und klein für einen Mann. Ich hatte schöne Knöchel, sowohl für einen Mann als auch für eine Frau. Meine Uniform betonte meine Stärke und Beweglichkeit, ein Ballkleid hob meine Anmut hervor, und mein Alter spielte keine Rolle. Ich war nie auch nur auf die Idee gekommen, das eine Geschlecht zugunsten des anderen aufgeben zu müssen. War ich bereit, alle Facetten meiner Persönlichkeit für Pierre aufzugeben? Hatte ich sie letztlich schon aufgegeben? War Pierre das wert?

Ich war unschlüssig.

Unschlüssigkeit ist ein Gift, das die Konzentration lähmt. Ich sagte mir, die Zeit würde sie heilen. Fiebernd ging ich ins Bett und hoffte, mit einem klaren Kopf und einer gefällten Entscheidung aufzuwachen. Ich erwachte und war immer noch unschlüssig. Die Menschen auf den Straßen erkannten mich und riefen: »Da geht ein guter Mann!« »Ein Patriot!« »Der große Fechter!« Und Pierre schrieb: »Komm schnell, meine Liebste!« Sollte ich mich beeilen und Pierres körperliches Dasein wieder in mein Leben lassen (irgendwann hatte er sich zu einem schönen Flair verflüchtigt, dem fernen Schöpfer schöner Briefe, die aber auch von anderen und für andere hätten geschrieben werden können), oder sollte ich weiterhin ein Leben unter Fremden führen, die mich für einen großen Krieger hielten?

Es wurde Winter. Im Dunkel der Nacht wanderte ich durch die Straßen und aß in Wirtshäusern. Pierre hielt mich für unentschlossen. Er schrieb mir praktische Vorschläge: Könnte ich James nicht weiterbezahlen, sodass er in London Besorgungen für uns machen und meinen Besitz im Auge behalten würde?

In den Wirtshäusern wurden wuchtige Schmorgerichte mit schwerem Bier serviert. Eines Abends setzte ich mich neben einen großen und sehr kräftigen Mann an den Tisch. Er hatte breite Schultern und eine Tonnenbrust unter dem sauberen Leinenhemd eines Arbeitsmannes. Er drehte sich zu mir, und ich konnte ein entsetztes Aufkeuchen nicht unterdrücken. Er hatte kein Gesicht, nur zwei in tiefen Spalten steckende kleine blaue Augen und einen lippenlosen Mund, der noch funktionierte, denn er trank gierig. Die restlichen Gesichtszüge waren zur Strafe weggerissen worden, ob nun von GOtt oder weil er jemanden verärgert, beim Kartenspiel betrogen oder die falsche Frau verführt hatte. Diese Augen lächelten mich an.

Ich wollte ihn fragen: Wie ist das, wenn man kein

Gesicht hat? Sogar eine Uhr hat ihr Zifferblatt. Ich sah an ihm vorbei auf die Uhr an der Wirtshauswand. Er zermürbte mich mit der ganz verständlich ausgesprochenen Bemerkung: »Ich wollte Euch das nächste Bier ausgeben. Aber Ihr seid zu feige, mich anzusehen.« Wenn er doch gewusst hätte, was in mir ausgelöscht werden würde! Viel mehr als ein Gesicht. Ich wagte nicht, es ihm zu sagen. Die Bezeichnung als Feigling war wohlverdient. Ich stand auf, ging und bewegte mich dabei wie ein aufgezogener Zinnsoldat. Schon bald würde ich irgendwo zur Ruhe kommen. Nur wo – und wie?

Noch hatte ich die Wahl.

Wie ich in die Ecke getrieben wurde

Eines Morgens im Vorfrühling prasselten Steine und faule Kartoffeln an meine Fenster. Die Menschenmenge draußen, eben noch meine Beschützer und Verbündeten, hatte sich in eine wütende Meute verwandelt. Sie schrien, ich solle wegen Hochverrats angeklagt und öffentlich hingerichtet werden. »An den Galgen!« »Auf den Scheiterhaufen!« »Erst strecken und vierteilen!«

Irgendwie hatten sie herausbekommen, dass ich, der Chevalier d'Éon und Bewunderer Albions, England für den König von Frankreich ausspioniert, Geheiminformationen über die Kriegsflotte und die Armee des von mir angeblich so geliebten Landes weitergegeben und Louis XV. bei der Vorbereitung eines Einmarschs unterstützt hatte.

Das Gerücht hatte sich wie ein Gestank bis in die hintersten Gassen der Gesellschaft verbreitet. Von einem Tag auf den anderen war ich nicht mehr berühmt, sondern berüchtigt, und Liebe wich der Wut. Erneut konnte ich mein Haus nicht verlassen, weil ich Angst um mein Leben haben musste, nur war es jetzt keine Bewunderung seitens der Öffentlichkeit mehr, sondern blanker Hass.

Es war ungerecht, aber GOtt schert sich nicht um Gerechtigkeit. Ihnen kann ich erklären, was ich denen nie erklären konnte: Das Leben eines guten Soldaten oder Offiziers gehört ebenso zu den darstellenden Künsten wie das Flötenspiel. Wahre Begabungen sind wie ich Solisten. Wir treten auf, wo immer wir können. Die Loyalität des Pöbels ist launisch – heute verehrt er eine Berühmtheit, morgen stellt er sie an den Pranger –, und doch findet er einen Soldaten korrupt, der gern auftritt, wohin er auch eingeladen wird. Mein deutsches Pendant, der Baron von Steuben, wird als Retter der Amerikanischen Revolution gefeiert. In Amerika sind Straßen und Plätze nach ihm benannt worden, und sein Geburtstag wird noch heute mit einer Parade auf dem prachtvollsten Boulevard von New York City gefeiert. Vergessen Sie aber bitte nicht, dass er seine Kunstfertigkeit zunächst den Briten anbot. Er bat sie, ihn in Dienst zu nehmen, damit er die Aufständischen bekämpfen könne. Die Briten rümpften nur die Nase. Also bot er seine Dienste ihren Feinden an. Als Diplomat war auch ich ein Soldat, ein Späher, und erstattete dem König von Frankreich Bericht. Als großer Darsteller diente ich meinem Heimatland, bis es nichts mehr von mir wissen wollte, und dann bot ich meine Loyalität England an. Bis auch England nichts mehr von mir wissen wollte.

Monatelang wollte sich das Kesseltreiben nicht legen. Die Verachtung eines Monarchen ist nichts im Vergleich zum Hass eines ganzen Volkes. Zu dieser Zeit hatte ich keine Wahl und auch kein Versteck mehr – ich musste die Rückkehr nach Frankreich in Betracht ziehen. Meine finanzielle Situation würde sich beneidenswert gestalten. Mit einer angemessenen Pension und Wohnungen in Versailles und Paris konnte ich dort glücklich leben und außerdem die Zuneigung von Sieur Pierre de Beaumarchais genießen. In einem Brief schnitt er das Thema Ehe an. Unsere Zuneigung beruhe auf Gegenseitigkeit, sagte er.

Plötzlich schreckte das Wort Ehe mich nicht mehr. Ehe hieß, ein Recht auf seine Gesellschaft zu haben, was verschiedenste Wonnen verhieß. Was mich sonst ausmachte, würde ich aufgeben. Beschlossen.

Ich musste meine Angelegenheiten regeln, als wäre ich todgeweiht. Wie ein Dieb in der Nacht stahl ich mich hinten durch den Garten aus dem Haus und stieg über eine Mauer, hinter der James mit seiner eigenen Kutsche auf mich wartete; niemand wäre auf den Gedanken gekommen, ich würde in einem so einfachen Gefährt reisen. Morande hatte mir angeboten, bei ihm unterzuschlüpfen. Seine Frau hatte mir im Kinderzimmer ein Bett gemacht, und ich schlief einen Meter von ihrem neuesten Säugling entfernt – wie in einem Koben, den man sich mit einem Ferkel teilt. Wenn er sich muckste und grunzte, stillte Mrs Morande ihn in der Dunkelheit direkt neben mir. Nach dem kakophonen Frühstück mit sechs Kindern – nur eine offene Feldschlacht ist lauter – schwirrte mir am nächsten Morgen der Kopf.

Morande und ich zogen uns in seine kleine, aufgeräumte Bibliothek zurück und setzten uns nebeneinander an seinen kleinen Schreibtisch. Er legte mir die Hand auf den Schenkel, drückte zu, um seinen Gefühlen Luft zu verschaffen, und sagte: »Mein Bruder! In der unerklärlichen Bredouille, England verraten zu haben, nachdem du Frankreich verärgert hast, kann dir jetzt nur unser König helfen. Du musst ihn so behandeln, wie man nach einem Zerwürfnis eine Geliebte behandelt, auch wenn du damit natürlich keine Erfahrung hast. Also hör mir zu. Lass dir Gefühle anmerken, aber nicht zu viel und nicht zu wenig. Und dann forderst du alles. Gib eine Petitesse zu, an der du schuld bist. Der Löwenanteil liegt bei ihm.«

Er nahm die Hand von meinem Schenkel und bemerkte: »Mehr Sehnen als Muskeln.«

Ich schwieg. Er schob mir Tinte und Federn hin. Er würde meine Forderungen an Louis XVI. präzisieren. Was mir zustand, musste in voller Höhe ausgezahlt werden – dazu gehörte der Sold eines Dragonerhauptmanns für die letzten fünfzehn Jahre sowie eine Rückerstattung aller zusätzlichen Auslagen, die ich dem König in den letzten zwölf Jahren im Rahmen meiner Geheimtätigkeit vorgestreckt hatte, einschließlich hoher jährlicher Aufwendungen für meinen Wein aus Tonnerre. Morande kam auf eine Gesamtsumme von über hunderttausend Livres. Darüber hinaus verlangte ich sechstausend Livres, weil ich ein kostbares Diamantgeschenk des Prinzen Poniatowski ausgeschlagen hatte, ein Geschenk, das an meine Stellung als Finanzberater an seinem Hof geknüpft gewesen war, die ich nie angetreten hatte, weil sie nicht den Wünschen Louis' XV. entsprochen hatte. Plus weitere fünfzehntausend Livres, weil meine Verpflichtungen in London mich gezwungen hatten, meine Weingüter in Tonnerre zu vernachlässigen. Am Ende kamen wir unterm Strich auf eine Summe von zweihundertfünfzigtausend Livres – was in Ihrer Zeit über zwei Millionen Dollar entspräche – als Sofortzahlung zuzüglich einer lebenslänglichen Jahrespension von zehntausend Livres.

»Das sollte genügen«, sagte ich schließlich.

»Eine bescheidene Annäherung an deine ›unschätzbaren‹ Dienste, wie König Louis XV. sie genannt hat!«, antwortete Morande.

Ich schrieb alles zusammen und versiegelte das Schreiben mit meinen Insignien der Familie d'Éon.

Lord und Lady X hatten mich gebeten, bei ihnen in dem geräumigen Zimmer zu wohnen, das sie immer für mich bereithielten. Mein wahres Vermögen lag weiterhin sicher verwahrt unter den Dielen ihrer Bibliothek. Mit einiger Verspätung war die Lage »eines gewissen Landsitzes« aber in die Wettnachrichten durchgesickert. Zwei unternehmungslustige Ärzte hätten den »verschwundenen d'Éon« dort aufgespürt. Als sie versucht hätten, d'Éons Geschlecht zu bestimmen, hätte der sie zu Brei geschlagen. Die Börse reagierte sofort, verzeichnete die höchste Zahl an Wetteinsätzen in ihrer langen Geschichte, die Quoten standen bei 9 zu 1, ich sei ein Mann. Ich wusste, dass Lord X mir keine Zuflucht mehr bieten konnte. Mein eigenes Haus war ungastlich geworden und wurde von Straßenkindern belagert, die jede Bewegung sofort den Krawallbrüdern meldeten. Ich saß in der Falle.

Wieder kam James mir zu Hilfe und gab mir sicheres Geleit zu einer Gastwirtschaft in der Fleet Street. Er übernahm die harten Verhandlungen mit der Zimmerwirtin und zahlte im Voraus für eine dreimonatige Bleibe. Das Gasthaus war behaglich, und mein kleines und abgeschiedenes Zimmer hatte ein großes Fenster, das auf einen Garten hinausging, der bald in voller Blüte stehen würde, einen schlichten Eichentisch und ein Bett, das nach teurem Lavendel roch, sodass ich sicher sein konnte, dass es keine Wanzen gab. Die Besitzerin, die jüngst verwitwete junge, drallige, nette und blonde Mrs Cole, hatte Mitleid mit mir und fragte nicht nach, warum ich nicht mit ihr sprechen wollte. Frühstück und Tee servierte sie mir in ihrer eigenen Stube. Die anderen Gäste wurden gebeten, kein Gespräch mit »Madame Boemont« zu suchen, die in tiefer Trauer sei. Das war James' Idee gewesen. Ich trug Witwentracht und eine teure weiße Perücke und hieß wieder einmal Lea de Beaumont. James fügte noch die Anrede »Witwe« hinzu, als er mich brachte.

Ich genoss meine bequeme Rolle und mein Kostüm ohne Rüschen oder zu enge Stellen, fast ein Bußkleid, wie es sich für eine frisch verwitwete Trauernde ziemt. Ich musste nicht einmal ein Mieder tragen. Ich wurde übertrieben höflich behandelt; das war fast so gut wie ein Leben als Botschafter. Niemand war so taktlos, mich nach Einzelheiten meines früheren Lebens zu befragen, weil man Angst hatte, die Glut meines Kummers zu schüren. Nur einmal fragte Mrs Cole, wo meine Kinder wären. Ich erzählte ihr, alle fünf wären Jungen gewesen und schon im Kindesalter gestorben. Sie sagte: »Genau wie meine sieben, vier Jungen und drei Mädchen!« Am Tag nach der Beerdigung ihres letzten Kindes war ihr Mann eines Abends spät aus dem Wirtshaus heimgekehrt, er war betrunken gewesen und hatte nicht aufgepasst und war von König George persönlich überfahren worden, das heißt von den acht Pferden, die seine goldene Kutsche zogen. Der König hatte sich persönlich bei Mrs Cole entschuldigt und ihr so viel Geld gegeben, dass sie sich das Gasthaus kaufen konnte. Seitdem verachtete sie alle Kutschen, die ihrer Meinung nach für Männer waren, die fürs Reiten zu faul und weibisch waren. Ihr Mann war Reiter gewesen. »Mein Mann am Leben wäre mir lieber gewesen als noch so viel Geld«, sagte sie. »Ich weiß, wie Ihr Euch fühlt, Teuerste, so ganz allein. Aber nein, Ihr habt ja einen wunderbaren Bruder!« Damit meinte sie James. Ich stellte ein gerahmtes Bild von Pierre auf meinen Nachttisch und ließ daneben Tag und Nacht eine Kerze brennen. Mrs Cole hatte noch nie von Pierre Caron de Beaumarchais gehört, und es bestand keine Gefahr, dass sie ihn erkannte. Als ich mir eine Sommergrippe holte, kochte sie mir Brühe, setzte sich zu mir und achtete darauf, dass ich sie bis zum letzten Tropfen auslöffelte. Ich hatte das Gefühl, sie behütete mich wie die heilige Elisabeth die schwangere Muttergottes. Auch ich wusste nicht, wie ich in dieses Dilemma geraten war, aber ich wusste, es würde mit etwas Großem enden.

Die Jahreszeiten nahmen ihren Lauf, ohne dass ich Antwort aus Versailles erhielt. Ich vertrieb mir die Zeit mit Briefeschreiben und verbrauchte Federkiele und Siegelwachs. In meine schwarzen Röcke gehüllt, bewältigte ich jeden zweiten Tag die Meile zu einem Kaffeehaus, in dem James mich mit der Post und allem anderen erwartete, was ich brauchte. Er versorgte mich regelmäßig mit Kanzleipapier und gespitzten Federkielen. Er war der vollendete Butler, der keine Miene verzog angesichts meiner Aufmachung, die er immer persönlich stärkte und bügelte, da den Dienstmädchen nicht zu trauen war. Er brachte Briefe von Pierre, dem vor Vorfreude auf meine Rückkehr nach Frankreich ganz schwindelig war. Wir hatten August; die dunkle Jahreszeit nahte.

»Fassen wir für Deine Heimkehr doch den 15. Februar ins Auge, den Geburtstag unseres alten Königs«, schrieb Pierre. »Es ist zu viel Zeit vergangen.« Er klagte über die Verhandlungen um meinetwillen, die sich wegen der Jugend und Unerfahrenheit des Königs zäh und anstrengend gestalteten, beteuerte aber, sie kämen bald zum Abschluss. Und er war meinem vortrefflichen Rat gefolgt und hatte eine Tarnfirma mit spanischem Namen gegründet, über die er die Waffenkäufe für die Aufständischen in Amerika abwickeln wollte. Er lobte seine Genialität, weil er noch einen Schritt weitergegangen war und den König von Spanien überzeugt hatte, insgeheim selber Kapital in das Unternehmen einzuschießen. Der König von Frankreich war seinem Beispiel gefolgt. Jeweils eine Million Livres von den beiden Monarchen. Als Lee vor einigen Monaten genau dieses Vorgehen vorschlug, hatte Pierre ihn noch mit Hohn und Spott überschüttet, und jetzt weigerte er sich, ihn, Lee, an dem Unternehmen zu beteiligen, und brüskierte ihn in Paris in aller Öffentlichkeit, weil er »zu viel schwatzte«.

Eines Abends besuchte James seine »Schwester« mit Neuigkeiten. Morande hatte ihn belästigt und hysterisch verlangt, meinen Aufenthaltsort zu erfahren. Ich sollte ihn beschwichtigen und so schnell wie möglich empfangen. James eskortierte mich zu seiner schäbigen Kutsche, und wir gelangten durch den Dienstboteneingang in mein Haus. Ich war kaum in meinen Hausmantel geschlüpft, den Morande zu dieser Stunde von mir erwarten würde, da bollerte er schon an die Haustür. Krethi und Plethi kamen aus den Seitengassen angerannt, und Morande musste die Tür gegen sie verbarrikadieren. Ich eilte in die Bibliothek, aber er war schneller, und als ich hereinkam, schleuderte er mir eine schwere Mappe ins Gesicht, die mich ins Auge traf. Ich hatte Angst, er hätte mich geblendet. War die Verletzung eine Botschaft des Himmels? Ich blinzelte. Er wartete nur eine Sekunde und knurrte dann: »Stell dich nicht so an, alles in Ordnung.« Und dann kläffte er, als wäre er verwundet worden: »Verrat! Dein Pierre Caron de Beaumarchais«, wütete er, *»c'est un rat!«*

Wie ich in der Literatur
eines anderen unsterblich wurde

Mein erster Gedanke war, Morande hätte irgendwie herausbekommen, welche Gefühle ich für Pierre hegte, und wüsste von unserem leidenschaftlichen Briefwechsel. Er war von Natur aus eifersüchtig auf Konkurrenten und wetterte gegen sie mit den übelsten Kraftausdrücken, die sein Wortschatz hergab. Wenn es möglich gewesen wäre, hätte er sie mit Worten totgeschlagen. Er gefiel sich in dieser Rolle, und sein angeborener Sadismus fand darin ein lyrisches Ventil. Als ich ihn hörte, regte sich mein Beschützerinstinkt. Er galt Pierre. Morande wütete weiter: »Das ist dein Vertrag mit Versailles. Pierre war zu feige, ihn selber vorbeizubringen. Lies!«

Ich gebe zu, dass ich nur einen Blick auf das Dokument warf. Wie ich sah, war man auf meine finanziellen Forderungen eingegangen. Langsam kam mein Verstand in Gang, um mein Misstrauen zum Schweigen zu bringen. Pierre hatte für mich gekämpft und gesiegt. Ich konnte mich nicht beschweren.

»Schau dir den Passus da an!«, rief Morande. »Sie willigt ein, ihr Geschlecht öffentlich zu erklären, ihren Zustand außer allen Zweifel zu stellen und fortan weibliche

Kleidung zu tragen, um die Vorstellungen der Öffentlichkeit in dieser Angelegenheit ein für alle Mal zu erledigen.« Ich schaltete nicht gleich, dass ich mich als Frau kleiden *musste*. Ich nahm an, es müsse nur gelegentlich sein, und hielt das »fortan« für eine alberne Formalität.

»Nur die Ruhe, Morande«, sagte ich. Ich war begeistert. Ich war geschmeichelt. Es war nur natürlich, dass Pierre in seinem leidenschaftlichen Verlangen nach mir darauf drängte, dass ich meine weibliche Gestalt annahm. Das war zu erwarten. Zwischen dem offiziellen körperlichen Zustand einer Frau und dem eines Mannes lagen nur die Minuten, die ich brauchte, um mich umzuziehen, und das konnte ich inzwischen rasch und ohne Hilfe.

Ich begriff auch, dass Morandes Aufregung meinetwegen eher heiter als traurig war – das Ganze war ein Drama, und er liebte Dramen. Seine Empörung war gespielt. Es war ihm egal, dass er meine Gesellschaft in London verlor, und mein weiteres Schicksal ließ ihn kalt. Für ihn hatte meine Verkleidung als Frau nur Klatschwert. Seine ehrliche Gleichgültigkeit, sagte ich mir, war seine größte Tugend.

Nachdem ich ihm überschwänglich gedankt hatte und er wieder gegangen war, brachte James mich zu Mrs Coles Gasthaus zurück. Glücklich und geduldig nahm ich mein Leben im Verborgenen wieder auf und wartete auf eine persönlichere Botschaft von Pierre.

Sie kam, und James drückte sie mir in die erwartungsvollen Hände.

Er schreibe an einem neuen Theaterstück, berichtete Pierre, einer Auftragsarbeit des Prinzen von Conti, der einst so sehr in mich verliebt gewesen war, dass er mich

trotz meines niederen gesellschaftlichen Ranges fataler-
weise dem König vorgestellt hatte. Jahrzehnte danach
hatte der Prinz eine Bitte – Pierre möge mich, den Chevalier d'Éon, als eine androgyne Jugend in das Stück hin-
einschreiben, deren Schönheit und Unschuld, gepaart
mit ihrem Esprit, auch die hartherzigsten Höflinge er-
oberte. Auf diese Weise würde »eine der kostbarsten Erinnerungen seines Lebens« (so dachte der Prinz an mich)
weiterleben und auch nach seinem Tode ewige Jugend
behalten. Conti würde von *Figaros Hochzeit* zweifellos
enttäuscht sein, denn das Stück entwickelte sich zuneh-
mend zu einem kaum verschleierten Angriff auf die Aristokratie in Versailles. Trotzdem wollte Pierre den Prinzen
von Conti im Vorwort als seinen Schirmherrn nennen
und ihn so doppelt demütigen; Dankbarkeit ließ Pierre
sich wirklich nicht vorwerfen. Es war ein trauriger Zufall, dass das einstige Verlangen des Prinzen nach mir das
gegenwärtige Verlangen des Dramatikers nach mir spiegelte. Er brachte das zum Ausdruck, indem er mir die
Glanzrolle in dem neuen Stück gab: eine Figur, die, wie
er sagte, »viel zu vielschichtig ist, um von einem Mann
oder einer Frau gespielt zu werden«. Pierre legte fest, sie
müsse von einer Frau in Männerkleidung gespielt werden. Er nannte sie Cherubino.

»Vom Mars über Minerva zum Cherub, von Fer zu
Fleur – Du allein kannst alles sein, was Du willst«, schrieb
er. »Am meisten liebe ich dich als meine Fleur, denn sie
reimt sich auf Pierre.« Er versicherte, kein Erfolg könne
ihn so erregen wie meine Rückkehr nach Frankreich. Er
wollte mich aus London abholen. Wir würden zusammen
»nach Hause« reisen. Ich sollte nicht mehr als drei Koffer
packen und alles andere einlagern lassen.

»Wo bringst du mich hin? Wo werden wir leben?«, fragte ich ihn brieflich. Zwei Wochen später kam seine Antwort: »*Hélas*, der König verlangt, dass Du erst einmal in ein Kloster gehst. Dort musst Du ein Jahr lang bleiben.«

Wie ich dazu kam,
die Liebe eine Farce zu nennen

Als ich mich eine Stunde später noch fragte, wie Pierre eingewilligt haben konnte, mich in ein Kloster sperren zu lassen, eröffnete mir James, die Wetteinsätze, die der Frage meines Geschlechts galten, hätten den Gegenwert von zwei Millionen Pfund in Ihrer Zeit erreicht. Er hielt mir die Zeitung hin. »Zwei Franzosen« wären vorgeprescht und hätten die höchste Summe darauf gesetzt, dass der Chevalier d'Éon eine Frau sei. Das hätte eine Flutwelle von Wetteinsätzen ausgelöst, er sei ein Mann. Zum Schutz der Öffentlichkeit hätte das Gericht bei dieser gigantischen Summe alle Wettaktivitäten ausgesetzt. Die Frage müsse geklärt werden.

»Man muss kein Isaac Newton sein, um zu raten, wer die beiden Franzosen sind«, bemerkte James und fauchte: »Morande und Bow-mar-shay.«

In meinem Witwenkostüm eilte ich an diesem schönen Frühlingstag zu einem Kaffeehaus, in dem Morande Stammkunde war. Dort setzte ich mich in eine Ecke und wartete auf ihn. Ich trug mein weites schwarzes Kleid, hatte eine schwarze Haube über das Gesicht gezogen und rauchte eine Pfeife. Die verweichlichten Gecken – das war damals gerade Mode; je mehr man ein Mann war, desto rüschiger musste die Aufmachung sein – mieden mich. Eine Witwe in der Ecke wurde nicht einmal beachtet, wenn sie Zigarre rauchte. Morande kam am späten Vormittag. Ich sprang in meinem langen schwarzen Kleid auf. Er glotzte mich an. Ich forderte meinen alten Freund, der mit der dreisten Wette mein Todfeind geworden war, zum Duell. Jetzt standen wir im Mittelpunkt der Aufmerksamkeit. Sofort wurden wieder Wetten abgeschlossen. Ich wandte mich an das Publikum: Ich würde dieses jämmerliche Mannsbild mit Vergnügen töten, weil er einen Degen selbst dann nicht richtig halten könne, wenn sein Leben davon abhinge; nur Schwächere könne er schlagen und treten. Woraufhin Morande brüllte, seine »Ehre« ließe es nicht zu, sich mit einer Frau zu duellieren!!

Hastig wieselte er davon. Ein großer Mann, der vor einer Frau Angst hat, macht sich besonders lächerlich. Alle wollten sich ausschütten vor Lachen.

Ich funkelte die anderen an, hieb so schnell mit dem Degen durch die Luft, dass die Klinge nicht mehr zu sehen war, und bot an, mich mit jedem zu duellieren, der meine Fechtfähigkeiten bezweifelte. Niemand sagte auch nur ein Sterbenswörtchen. Der lärmerfüllte Saal war so still geworden wie ein Sklave vor seinem Herrn.

Zurück in meinem Gasthaus schrieb ich Pierre: »Ich beende die Farce. Lieber sterbe ich in Armut.«

Wie dem Hass sein Recht
nicht abzusprechen ist

Der letzte Februartag war stürmisch, und die Post würde länger brauchen, um Paris zu erreichen. In der *Morning Post* las ich diese Wettnachrichten: »Die Quoten stehen nach wie vor 9 zu 1, dass der Chevalier d'Éon ein Mann ist; ein hierorts wohlbekannter Franzose hat gelobt, die Angelegenheit noch vor Ablauf von vierzehn Tagen zu einer klaren Entscheidung zu bringen. Dem Vernehmen nach hat er selbst ein Vermögen in die Angelegenheit investiert.«

Ich schrieb der *Morning Post* einen Leserbrief, in dem ich meine Verwunderung darüber bekundete, dass die Engländer gierigen Ausländern, Englands französischen Erzfeinden, gestatteten, sich gegen ihre Wirtschaft zu verschwören. Ganz einfach: Französische Spieler mit privaten Kenntnissen der Geschlechtszugehörigkeit des Chevaliers versuchten, auf Kosten der englischen Spieler Riesengewinne einzufahren. Ich schrieb: »Der Chevalier d'Éon wird sein Geschlecht auf keinen Fall offenbaren, bevor nicht alle diese Wettgeschäfte ohne einen Gewinner beendet worden sind. Er wird sich weiterhin verborgen halten. Er bedauert, dass so viele seiner neuen englischen Landsmänner die Gelegenheit verpassen, Geld zu verdienen.« Und: »Wenn derlei Spekulationen den eindringlichen Bitten des Chevaliers d'Éon zum Trotz nicht eingestellt und annulliert werden, wird er das Land verlassen. Er würde das als einen schrecklichen Schlag empfinden, da er ein britischer Patriot geworden ist, auch wenn er im Ausland zur Welt kam und frühere Loyalität der französischen Krone gegenüber einräumt. Diese Loyalität ist indes Vergangenheit. Seine neue Loyalität gilt Britannien. Davon wird er das englische Volk überzeugen, sofern es ihm gestattet wird. Es ist sein leidenschaftlicher Wunsch, friedlich in London leben zu können.«

Ich wusste, dass Pierre von dem Leserbrief erfahren und alles andere als erfreut sein würde. Er hatte offenbar all sein Geld in diese Wette gesteckt und setzte voll und ganz darauf, ich würde mich von ihm geschlagen geben.

Er hatte mein Vertrauen missbraucht. Morande und er machten gemeinsame Sache.

Mein eigener Hass flackerte, flammte auf und erlosch. Es kümmerte mich nicht, ob Pierres Hass möglicherweise ein lichterloh brennendes Feuer war, das nichts als Asche hinterließ. Zwei Wochen später traf der Brief in seiner unleserlichen Handschrift ein, die ich auf dem Schreibtisch schon von weitem erkannte. In letzter Zeit war ich dann vor Wonne immer fast in Ohnmacht gefallen. Jetzt schien mein Herz die Beine in die Hand zu nehmen. Ich zügelte mich, konnte mein pochendes Herz beruhigen und meine Füße zum Rhythmus eines auf dem Schlachtfeld vorrückenden Hauptmanns zwingen. Meine Hände zitterten, als ich den Brief nahm, das kunstvolle Siegel aufbrach und seine Vorwürfe las, ich würde

»all die schönen Pläne, die er mit mir hatte, zuschanden machen«.

Er garantierte meine Freiheit mit dem Argument, nur die französischen Minister und der König wüssten, dass ich eine Frau sei. Er täte das alles nur meinetwegen. Seine Schlussworte lauteten: »Du bist kaum auch nur meine Freundin und dir selbst die schlimmste Feindin.« Da niemand mich sah, weinte ich vor Wut und Enttäuschung.

Er kündigte seine Rückkehr nach London an. Wir würden reden, »wir drei«. Während Pierre wieder einmal den kalten Ärmelkanal überquerte, dem Unwetter in einer eiskalten Kabine trotzen musste, sich Splitter einriss, wenn er sich auf den sturmgepeitschten Wellen irgendwo festhalten wollte, und auch an Land nicht mehr den Luxus einer königlichen Kutsche genoss, verließ ich abends mit meiner Uniform in einem Beutel Mrs Coles Gasthaus, zog mich in einem Gehölz um und hängte mein Kleid über einen Ast. Ich hatte Morande gebeten, mich in einem dunklen Wirtshaus zu treffen. Er wusste nicht, was ihn erwartete, und sah verängstigt aus, als er eintrat. Als ich ihn sah, verflog mein Ärger. Er tat mir leid. Er war gierig, unmoralisch und schwach. Ich brachte einen aufrichtigen Trinkspruch auf ihn aus: »Auf meinen besten und einzigen Bruder, der mich zur Frauenkleidung gezwungen hat. Der mich verraten hat! Noch ist Zeit, die Dinge wieder ins Lot zu bringen.«

Ich trank Dünnbier, um nicht den Kopf zu verlieren, und er soff Starkbier und wurde alsbald rührselig und nachgiebig. Ich bat ihn, mir loyal zu bleiben. Ich flehte nicht wie eine niedliche kleine Schwester, die den Kopf getätschelt haben möchte; das hätte ihn abgestoßen. Ich war ein klar denkender Mann. Ich verglich uns mit Jägern; unsere Beute bestünde aus Informationen. Nur die Privatangelegenheiten des anderen dürften nicht bejagt werden. Wir müssten zusammenhalten. Ein Außenseiter wie Pierre solle dafür sorgen, dass wir unser Geld bekamen, müsse aber außen vor bleiben. Könne kein dritter Bruder werden. Und dann wurde ich zum Frömmelmann. Ich stieß auf die Mysterien an, die auf die Jungfrauengeburt zurückgingen, und erklärte, mein Geschlecht würde bis in alle Ewigkeit so geheim bleiben wie das der Muttergottes. Ich ließ ihn darauf schwören, und Morande war von meiner moralischen Überlegenheit so ergriffen, dass er rief: »Du bist so rein!«, und dann fügte er hinzu: »Ich schwöre!«

Am Tag darauf kam Pierre.

Ich hörte nichts von James, daher nahm ich – zu Recht – an, dass Pierre und Morande mich nicht suchten; sie hatten sich gemeinsam verkrochen. Meine Strategie ging nur auf, wenn Morandes Loyalität zu mir schwerer wog als seine Gier, und die Rastlosigkeit quälte mich. Ein Tag und eine Nacht und keine Zusage von Morande, dass er sich an seinen Eid hielt. Am dritten Tag beschied er mich dann endlich beiläufig zu Pierre und sich nach Hause. Können Sie sich vorstellen, wie kopflos ich war, weil ich Pierre wiedersehen sollte? Mein Körper, Herz und Seele rebellierten. Aber mein Verstand setzte sich durch. Wieder wechselte ich in einem Wäldchen in der Nähe die Kleider. Diesmal schnallte ich mir eine besondere, quälend enge Schnürbrust um. Ich musste meinen Körper zusammenhalten. Dann schlüpfte ich in die Uniform, die wie angegossen saß, und gürtete meinen Degen.

Ich ging zu Fuß zu Morande. Seine Druckerei war umgezogen, sein Haus inzwischen ein ganz annehmbarer

Treffpunkt geworden. Das heißt, jeder andere hätte sich seiner geschämt, aber er nahm jeder Kritik den Wind aus den Segeln, indem er seine »Raffiniertheit« und die »Gestaltung« rühmte und sich je nach Gelegenheit eine neue Summe ausdachte, die er dafür gezahlt haben wollte. Trotz der niedrigen Decken, kleinen Fenster und engen Zimmer war das Haus mir ans Herz gewachsen, weil Morandes Frau es eingerichtet hatte. Sie webte und nähte hübsche Vorhänge, Decken- und Kissenbezüge, und solange ich nicht mit ihnen unter einem Dach hausen musste, hatte ich das Gefühl, dass es in allen Ecken von gut erzogenen Kindern belebt wurde. Beim Eintreten hörte ich zum ersten Mal nach fast einem Jahr Pierres dunkle und klangvolle Stimme. Dann lachten Morande und er aus vollem Halse. Der filigrane Kristall meiner Stimmung erzitterte und zersprang. Ich spürte, wie sich mein Herz verkrampfte. Pierre erschien. Er lächelte mich an, ein höfliches Lachen, das noch Speicheltröpfchen des prustenden Lachens zeigte, sodass seine schmalen Lippen glänzten wie die Kanten eines Buttermessers. Ohne mich zu begrüßen, sang er in seinem schönen Bariton »ein Liebeslied, das er in Versailles gehört hatte«. Kann ich mir vorwerfen, dass ich hoffte, neues Leben blühe aus den Ruinen? Es ging um zwei Liebende namens Beaumarchais und d'Éon. Die Worte habe ich vergessen, aber die Melodie klingt mir noch heute in den Ohren. Als er leise das letzte Wort gesungen hatte, verbeugte er sich nacheinander vor allen Anwesenden, drehte sich durch den Raum und kam auf mich zu.

Sein Lächeln galt mir allein, als er mit warmherziger Stimme sagte: »Mein lieber Chevalier oder was Ihr mir gegenüber zu sein beliebt, jemanden, der bei Euch antichambrieren oder etwas vor Euch verschleiern möchte, müsst Ihr woanders suchen, mein Kind.« Er warf Morande einen ahnungsvollen Blick zu. Dann hielt er mir vor allen Anwesenden, darunter Morandes Frau, die vor Schreck erbleichte, eine geharnischte Standpauke, weil mein Leserbrief »schlecht geschrieben, humorlos, ungeschliffen, dumm und vom ersten bis zum letzten Wort überflüssig« gewesen wäre. Ich war fassungslos. Zum krönenden Abschluss verkündete er: »D'Éon, Ihr habt Euer Ehrenwort gebrochen!« Er wusste, was der Begriff der Ehre mir als Mann bedeutete.

Eine Flutwelle der Empörung stieg in mir auf, brach sich und schleifte mich mit, zerschmetterte mich in ihrer Aufgewühltheit, und meine Gedanken zerstoben in alle Richtungen.

Ich krümmte ihm kein Härchen. Zum Gehen konnte ich ihn auch nicht auffordern. Es war nicht mein Haus. Morande, der treulose Gesell, war plötzlich unauffindbar. Ich verließ daher lautlos das Zimmer, als wollte ich mich erleichtern und würde gleich zurückkommen. Morandes schlechtbezahlter Diener bemerkte mich gar nicht, als ich mir Hut und Umhang holte und zur Tür hinausschlüpfte. Ich konnte mich erst zu nachtschlafender Zeit ins Gasthaus zurückwagen, so geschwollen waren meine Augen von Tränen und Übermüdung.

Mein Verschwinden an jenem Abend machte Pierre klar, dass ihm ein dramaturgischer Fehler unterlaufen war. Er glaubte, seine jüngste Dramenfigur, die »Chevalière d'Éon«, würde nicht schlafen können und wie eine wütende Wespe über ein Blatt Papier rasen, um ihn mit ihrem Federkiel zu stechen. Das konnte er nicht gebrauchen. Er brauchte meine Willfährigkeit. Eine Entschuldigung war angebracht. Aber es musste MEINE Entschuldigung sein. Er händigte James einen Brief aus.

»Ich gelobe, all die schrecklichen Dinge aus meinem Herzen zu verbannen, die Ihr in Eurer schwungvollen und weiblichen Wut gestern nicht nur gegen mich, sondern gegen alle Vernunft vorgebracht habt«, schrieb er und lud mich zu einem Abendessen unter vier Augen ein.

Ich antwortete kurz und bündig, indem ich sein »abstoßendes und despotisches Auftreten« und seine »durch und durch bürgerliche Ehrlosigkeit« anprangerte. Das Wort »bürgerlich« musste ihn genauso wurmen, wie mich seine Rede von meiner »weiblichen Wut« wurmte. Und ich schrieb, ich wisse von seiner unmoralischen Schieberei, was mein Geschlecht angehe. Er sei genauso ein Stricher wie die Prostituierten, deren Dienste er bezahlte.

Pierre verlor die erste Runde. Er wartete einen Tag, dann erhöhte er den Einsatz. Er hatte eindeutig zu viel Geld investiert, um einen Rückzieher zu machen. Er schickte mir einen hochtrabenden Brief und forderte mich auf, unverzüglich dem von ihm so genannten »skandalösen Transvestismus abzuschwören und Frauenkleidung anzuziehen«. Er setzte mir eine Frist von vierundzwanzig Stunden, um zu kapitulieren, und schloss mit Drohungen. Ich konnte seine Stimme hören und verabscheute sie neuerdings vom ersten bis zum letzten Wort: »Falls Ihr meinen Rat« – (Rat!) – »in den Wind schlagt, werde ich Seiner Majestät bekennen, dass ich entsetzlich blind war, als ich mich für die Vernunft, die Ehre und die Loyalität seiner Chevalière d'Éon verbürgt habe, denn er bezweifelte sie, und nur ich konnte ihn überzeugen.« Er fügte noch hinzu, er würde mich höchstpersönlich vor ein britisches Gericht ziehen, wenn ich mich weigerte, ihm die versprochenen Dokumente auszuhändigen.

Er hatte nichts in der Hand. Ich wütete zurück, und Tränen verschmierten die Tinte: »Ich gestatte Euch hiermit, Eure Drohungen wahr zu machen: Werft Euch allen Königen und Ministern auf Erden zu Füßen, um mich als eine – in Euren Worten – ›zügellose Maid‹ und zugleich die ›durchtriebenste Maid in Europa‹ darzustellen. Während sich Eure Geschlechtskrankheit gerade genauso in allen Gossen von Paris verbreitet wie Euer Gerede von Ehe.«

Kaum hatte ich den Brief abgeschickt, bereute ich meine Lieblosigkeit. Ich litt mit ihm. Ich weinte vor Zerknirschung. Schließlich würde er meinetwegen so viel Geld verlieren. Ich hatte seinen Beutel und damit seine Seele in der Gewalt. Und ich durchschaute meine eigenen Interessen: Trotz seines Verrats sehnte ich mich nach seiner Zuneigung. Für sie würde ich jeden Preis zahlen. Jeden. Unsere Eintracht musste wiederhergestellt werden.

Ich ging geradewegs zu Morande und dachte, ich würde Pierre bei ihm antreffen. Morande begrüßte mich mit den Worten: »Welch ein Zufall, dass du genau jetzt kommst!«, und zog mich ins Haus. »Wir sind gerade beim Essen, rein zufällig dein Leibgericht, ein Feuertopf, und reden über dich. Pierre ist gerade wieder nach Paris abgereist.« Die kultiviert aussehende Runde bestand aus Londoner Advokaten, die Morande als »meine Berater« bezeichnete. Schafsköpfe, nach meinem Dafürhalten. Mit schrecklichen Tischmanieren. Sprachen mit vollem Mund über die amerikanischen Aufständischen. Morande und ich taten so, als wäre alles in Ordnung. Beim köstlichen Dessert kamen sie dann allerdings zur Sache, und die Sache war mein Geschlecht. Die Wetten waren am nächsten Tag fällig. Das passt ja, sagte ich, an den Iden des März. Sie blieben ungerührt.

Wie sich herausstellte, hatten Morande und Pierre die Gentlemen hinsichtlich ihrer Rechte zu Rate gezogen, sich notfalls mit Gewalt Gewissheit über mein Geschlecht zu verschaffen, um an der Wettbörse die ihnen zustehenden Gewinne einstreichen zu können.

Doch halt! Es war alles anders, als ich dachte. »Du bist so kleinkariert und von dir eingenommen, dass du dir den Grund für das alles gar nicht vorstellen kannst!«, sagte Morande verächtlich. Sie hatten das Geld aus reinem Heroismus und Opfermut investiert, denn die Erlöse würden in die amerikanische Unabhängigkeit fließen. Sie würden jeden einzelnen Penny, den sie mit der siegreichen Spekulation auf meine Weiblichkeit einnehmen würden, in Waffen investieren und diese zum Selbstkostenpreis an die Kolonien verkaufen. Richtig, sie hätten mich in diesen Teil ihres Vorhabens nicht einbezogen, obwohl ich das Wrack ihres Unternehmens geborgen hatte. Wegen meiner verdammten Eitelkeit! Jetzt war meine Mitwirkung erforderlich, weil davon der Sieg oder Untergang Amerikas abhing. Da konnte ich doch unmöglich Einwände haben! Ich konnte den Rechten freier Menschen doch unmöglich gleichgültig gegenüberstehen! Weder widersprach ich noch stimmte ich zu. Ich hörte mir ihre Argumente an. Nachdem ich mich eine Weile zustimmend gegeben hatte, stellte ich eine Nachfrage. Ich könne mich einverstanden erklären, wünsche aber, dass mein Geschlecht nicht untersucht werde. Könne ich rechtlich von irgendwem dazu gezwungen werden?

Morande und ich baten die Advokaten um ihre Einschätzung. Sie sagten nein, nein, natürlich nicht, das englische Recht sei »human«. Rechtlich sei eine solche Untersuchung freiwillig. Ein Beweis könne nicht erzwungen werden. Ich müsse einzig und allein zugeben, dass ich eine Frau sei.

Auf einmal war ich sehr zufrieden. Ein Geständnis konnte nicht von mir erzwungen werden. Morande lachte in sich hinein, aber es klang gezwungen. Er sprach wie ein Junge, der die große Schokoladentorte, die er allein vertilgen will, schon fest im Blick hat. Er musste diese Torte haben. Er erzählte von seinem neuesten Projekt, einer Biographie der Chevalière d'Éon. Als ihr geliebter Bruder wenige Stunden vor ihrer Geburt gestorben war, hatte ihr Vater sie gezwungen, ein Junge zu werden, damit für einen Erben gesorgt war. Wegen meiner mangelnden Bereitschaft, meine Geschlechtszugehörigkeit zu beweisen, hatte er auf eigene Faust Nachforschungen angestellt. Die ersten vierunddreißig Seiten könnten jederzeit gedruckt werden.

Er drohte mir. Es wurde wieder Zeit zu gehen.

Am nächsten Morgen strengte ich eine Klage gegen Morande und Pierre de Beaumarchais wegen übler Nachrede an. Ich war gefasst, jedes Gefühl war verflogen, als hätte so viel Verrat mein Empfindungsvermögen zerstört. Ich empfand nichts dabei, nicht den Hauch eines Gefühls. Wenige Stunden später las ich den Artikel, den Morande geschrieben hatte. Er war bereit, in derselben Sache vor Gericht auszusagen, und der Anfang des Artikels las sich so: »Miss d'Éon bat mich in ihr Zimmer, in dem sie, nur mit einer Bluse bedeckt, auf ihrem Bett lag. Sie hieß mich näherkommen und schob sich meine Hand unter der Bluse auf ihr Geschlecht. Ich kann dessen normalen Aufbau und Geruch bezeugen. Es erstaunt mich nicht, dass sie wütend auf mich ist, denn ich hatte kein Interesse an ihr und ging wieder.«

Eine Stunde später trugen die Wetten auf mein Geschlecht Früchte, und die Ausschüttung betrug 9 zu 1, dass ich in der Tat eine Frau sei. Meine Freunde, die gegen jede Wahrscheinlichkeit ganze Vermögen investiert hatten, würden nie wieder Geldsorgen haben.

Weder beantwortete das Gericht meinen Brief noch ließ es meine Klage zu. Niemanden kümmerte, was ich sagte. Meine Klage wurde abgewiesen, weil eine Frau nicht klagefähig war. Wer auf meine Männlichkeit gesetzt hatte, verlor; viele verloren ein Vermögen; wenige konnten es sich leisten. Zahlreiche Gerichtsverfahren wurden angedroht, aber die würden nur noch mehr Zeit und Geld verschlingen.

Pierre triumphierte. Er hatte sein Geld im Schweiße seines Angesichts verdient. Er war wieder reich. Er schrieb mir. Ich las nur die erste Zeile seines Briefs.

»Liebe kleine Miss«, lautete sie.

Nur der Tod war gut genug für ihn. Ich würde ihn mit meinem Degen durchbohren.

Wie ich mich zurückzog,
ohne mich geschlagen zu geben

Fünfzehn Jahre waren vergangen, seit der Kriegsminister des Königs mich dem Außenminister vorgestellt hatte: »*Le petit d'Éon* ... ein sehr gutaussehender Mann mit kühnen und intelligenten blauen Augen und einer schlanken, aber geschmeidigen und ebenmäßigen Gestalt.« Jetzt war ich Ende vierzig. Die Schäden, die ich meinem Knochenbau durch jugendliche Heldentaten zugefügt hatte, machten sich jetzt bemerkbar, als wäre mein Körper vor Jahrzehnten plattgemacht worden, aber die Zeit wäre genauso stehengeblieben wie eben dieser Körper, der jetzt im ungelegensten Augenblick plötzlich zusammenbrach. Meine blonden Haare waren vom Alter und den langen in Häusern verbrachten Stunden über Nacht ausgebleicht und weiß geworden. Unter dem Gewicht des Kleids, das ich in Mrs Coles Gasthaus tragen musste, fingen meine Knochen plötzlich an zu schmerzen, und mein glatter, schwebender Gang verwandelte sich in ein Schlurfen. Wenn ich meine alte Dragoneruniform anzog, um mich abends aus dem Gasthaus stehlen zu können, stellte ich jetzt fest, dass sie an einigen Stellen spannte und an anderen schlackerte. Meine Reitstiefel drückten. Um Bewegung zu bekommen, ging ich manchmal zu Fuß durch die dunklen Straßen nach Hause. Das Haus war leer, James unterwegs. Einmal zündete ich ein paar Kerzen an, aber nach wenigen Minuten flog ein Steinschauer in den Salon im ersten Stock. Ich musste durchs stockfinstere Haus tappen und konnte nur im Gästezimmer, das auf einen Hinterhof hinausging, eine Kerze anzünden. Ich machte ein Nickerchen in dem Bett, das »Pierre« für mein Gefühl geweiht hatte, dabei hatte er es in Wahrheit besudelt.

Mein geliebtes Haus war unwirtlich geworden. Ich musste zu Mrs Cole zurückkehren und mein Witwenleben wieder aufnehmen. Hass auf und Sehnsucht nach Pierre sowie Enttäuschung über Morande verzehrten mich im wachen Denken ebenso wie in meinen Träumen. Ich zwang mich, Entscheidungen zu treffen. Versailles hatte alle Zahlungen an mich eingestellt. Ich hatte keinerlei Einkünfte. Ohne Borgen konnte ich weder James' Gehalt noch mein Abendessen bezahlen. Ich schuldete Lord X Geld. Ich hatte wiederholt Almosen akzeptiert.

Mit einem Wort, ich konnte nachgeben, auf mein Recht auf ein selbstbestimmtes Leben verzichten und in auskömmlichen Verhältnissen leben oder ins Armenhaus gehen.

Ich täuschte einen gutmütigen Gesinnungswechsel vor und schrieb Pierre einen freundlichen Brief, in dem ich in eine Rückkehr nach Frankreich in jedweder Verfassung einwilligte, die der junge König mir abverlangte. »Vor allen Dingen diene ich meinem König«, erklärte ich in der naiven Hoffnung, auch Pierre an höhere Verpflichtungen erinnern zu können. Pierre setzte den Vertrag von eigener Hand auf, und er wurde nur zwischen ihm als meinem persönlichen Gesandten und mir geschlossen. Er machte sich selbst als Autor zahlreiche Komplimente in der dritten Person Singular, was eindeutig den König erbauen sollte, der ihn beim Pralinenlutschen überflog. Seine braunen Fingerabdrücke zierten die Ränder. Ich unterschrieb.

Lord X' langjährige Zuneigung kühlte ab, nachdem ihm zu Ohren gekommen war, ich hätte mich an den Wetten auf mein Geschlecht beteiligt. Er mochte Cribbage und Whist, aber Glücksspiele waren für ihn eine schwere Sünde, schlimmster Götzendienst. Um ihn zu beeindrucken, unterzeichnete ich eine eidesstattliche Erklärung, dass ich keinen roten Heller gesetzt hatte. Das konnte ihn aber nicht umstimmen. Er drängte mich nicht, in England zu bleiben, und noch weniger regte er an, ich könne auf Dauer zu ihm und seiner Frau ziehen. Er wusste natürlich, dass ich im Fall meiner Rückkehr nach Frankreich meine Schulden bei ihnen begleichen konnte. Um mir zu »helfen«, ließ er ein Häuschen auf seinem Grund und Boden für meinen Besitz leerräumen, um mir eine schnellere Abreise zu ermöglichen – ich konnte dort meine Bibliothek und andere Wertsachen einlagern. Bis zu meiner Rückkehr dienten sie als Sicherheit für meine Schulden. Uns allen war klar, dass allein meine Bibliothek das Tausendfache meiner Schulden wert war, aber jetzt lag die Bringschuld des Vertrauens bei mir. Alle Schätze aus meinem Stadtpalais wurden alsbald in die winzige Kate gestopft – bis auf das Portrait von mir als Mars, das ich James schenkte. Er nahm es an und verbeugte sich tief: »Ich fühle mich sehr geehrt, Sir.« Dann fiel mir ein, dass ich gar nicht wusste, wie und wo er wohnte und ob er überhaupt eine Wand hatte, die groß genug war, um das Portrait aufzuhängen. Ich frage mich heute noch, was daraus geworden ist. Meine Marmorbüste von Louis XV., die auf erlauchte Gäste herabgeschaut hatte, stand unter einem Stück Stoff in einer Ecke von Lord X' Kate. »Lord X und seine Lady sind meine Eltern«, hatte ich Morande gegenüber einmal geprahlt.

»Bild dir doch nichts ein, kleiner d'Éon. Dein leiblicher Vater ist kein Lord«, hatte er gespottet.

Morande kam auf die Idee, dem edlen Paar gefälschte Wettzettel anzubieten, die er spaßeshalber hatte drucken lassen, einfach um ihre Enthaltsamkeit auf die Probe zu stellen, weil sie sich in Sachen Wetten so moralinsauer gaben. Er schrieb mir eine unbeschwerte, urkomische Beschreibung, wie sehr es ihn danach verlange, meinem geliebten Lord gegenüber recht zu behalten. Er war sogar bereit, sich mit einer Kutsche auf ihren Landsitz zu begeben, um die Tippscheine persönlich zu überreichen. »Wollen wir doch mal sehen, ob sie sie annehmen.« Im nächsten Brief schrieb er, sie hätten sie mit Freude angenommen. Morande triumphierte auf ganzer Linie.

Ich vermietete mein jetzt leerstehendes Haus auf unbestimmte Zeit an einen reichen Kaufmann und bat James, im Haus zu bleiben und bis zu meiner Rückkehr als Butler für die neuen Herrschaften zu arbeiten. Ich hatte seine Tugenden all meinen Freunden und Bekannten gegenüber gerühmt, und jetzt drängelten sie, um ihn für sich zu bekommen, wie sich Geier auf Aas stürzen. Am Ende akzeptierte er eine Stellung auf Lord X' Landsitz. Noch ein Verrat, auch wenn James schwor, er habe das Angebot angenommen, um meinen Besitz im Auge behalten zu können.

Wie sollte ich nach Frankreich kommen, nachdem

ich alle Verbindungen zu Pierre abgebrochen hatte, der mir früher eine Reise mit allem Luxus organisiert hätte, der meinem gesellschaftlichen Rang entsprochen hätte? Sollte ich meine eigene auffällige Kutsche nehmen, mitsamt meinen vier Pferden einschiffen lassen und dann in ihr weiterreisen, um sie auch in Versailles verwenden zu können? Oder sollte ich sie und meine Pferde verkaufen?

Eines Nachmittags reichte Mrs Cole mir beim Tee in ihrem gemütlichen Salon die Zeitung, als hätte sie meine Gedanken gelesen, und sagte lachend: »Endlich schreibt mal jemand etwas Intelligentes zu dem Thema!« Die Schlagzeile lautete: »Kutschen verweiblichen die Untertanen Seiner Majestät!«

»Wenn es nur das wäre«, bemerkte sie. »GOtt straft die Männer, die in Kutschen reisen, für ihre Trägheit, indem er ihnen schreckliche Hämorrhoiden schickt. Wenn ich die Wäsche der Gentlemen unter meinen Gästen erledige, kann ich immer genau sagen, wer noch selber geht und reitet.«

Die gute Mrs Cole. Sie hatte die Entscheidung für mich getroffen. Ich würde wie ein echter Mann reisen.

Heimkehr

Am längsten Tag des Jahres 1777 ritt ich nach Dover auf Titan, einem prachtvollen turkmenischen Hengst, der silbergrau glänzte, sechzehn Handbreit groß war, riesige schwarze Augen hatte, einen gerundeten Kamm und einen fließenden Schweif. Er hatte mich den Erlös meiner Kutsche und aller vier Kutschpferde gekostet. Meine Satteltaschen enthielten Bücher und einige wenige Kleidungsstücke für die Reise. Die Kostbarkeit, die ich verkaufen wollte, hatte ich nicht in einer Schachtel verstaut, sondern mir an den Körper geschnallt, unter der nachgeschneiderten und an den Hüften etwas ausgelassenen Uniform, als wollte mein Körper seinem angemessenen Geschlecht entsprechen. Ich hatte nichts dagegen. Als Herr des Hengsts fühlte ich mich auch als Herr meines Schicksals. Alles andere ließ ich hinter mir, weil ich von einer Abwesenheit von höchstens zwei Jahren ausging, was zu meiner Zeit einem Augenblick entsprach. Lord X schämte sich so sehr, dass er dem Wetten gefrönt und dann auch noch auf unaufrichtige Weise James in seine Dienste genommen hatte, dass er mir ein Angebot machte, das mich erst eine Stunde vor der Abreise erreichte: Nach meiner Rückkehr, die hoffentlich nicht zu lange auf sich warten lassen würde, könne ich mein Londoner Haus verkaufen und die Kate erwerben, in der meine Bibliothek lagerte. Ich schrieb ihm in aller Eile zurück und nahm das Angebot dankbar an. Jetzt musste ich mich erst einmal meines Reichtums versichern. Und mit Pierre wollte ich in unserem Vaterland Remedur schaffen, notfalls auch mit Frauenfäusten.

Titan und ich schafften die 86 Meilen nach Dover mit einem zweitägigen Parforceritt bei großer Hitze. Am Tag darauf gingen wir an Bord – beide widerstrebend, was Titan etwas überspannter erkennen ließ als ich: Er sträubte sich gegen die Flaggleine, mit der er an Bord gehoben wurde, stachelte die anderen Pferde auf dem Podest zur Auflehnung an und verpasste dem Pferdeburschen, der ihn in den Frachtraum hinablotsen wollte, einen Huftritt. Ich lief zur Unterstützung hinab. Als er mich sah, gab Titan Ruhe, und ich erklärte mich bereit, bei ihm im Frachtraum zu bleiben, was den Kapitän überraschte und besänftigte. Durch den Abtransport des toten Pferdeburschen und die Suche nach einem Ersatz stachen wir mit vier Stunden Verspätung in See und verpassten die Ebbe, aber wenigstens hatte sich Titan da schon in sein Schicksal gefunden. Ein Nachmittagsschauer kühlte das Schiff ab, und ich konnte meine große Kabine und ein gutes Mittagessen genießen. Die Überfahrt dauerte nur drei Stunden und verursachte keine Seekrankheit. Die Zollbehörde beschlagnahmte meine Bücher, entdeckte aber nicht mein Tafelsilber, das ich mir in die Pantalons gesteckt hatte. Als der Sonnenwagen ins Abendmeer hinabglitt, war ich klariert. Ich hatte England fünfzehn Jahre lang nicht verlassen. Mann und

Pferd verständigten sich darauf, die Nacht auf einem Heuboden zu verbringen.

Eine Woche lang bewegten wir uns in aller Gemächlichkeit, genossen die Landschaft und viele ausgezeichnete Mahlzeiten, bevor wir schließlich das Kloster der Karmeliterinnen in Saint-Denis vor den Toren von Paris erreichten. Ich hatte mich für dieses Kloster entschieden, weil ich davon ausging, die Mutter Oberin würde Sympathie für mich hegen. Sie war die jüngste Tochter von Louis XV., und ich hatte sie, noch bevor sie laufen konnte, auf dem Schoß gehabt. Die kleine Prinzessin Louise-Marie hatte meine Uniformknöpfe und -aufschläge untersucht, und ich hatte sie auf die Pausbacken geküsst. Dreißig Jahre danach erwartete ich Anteilnahme von ihr, auch wenn sie jetzt als Thérèse de Saint-Augustin bekannt war. Sie war eine kleine Schönheit mit Hohlkreuz gewesen, als sie mit vierzehn Jahren ihr Leben Christus hatte weihen wollen. Stattdessen war sie mit Bonnie Prince Charlie verlobt worden, dem jungen Anwärter auf den englischen Thron. Als die Anwartschaft scheiterte, wurde die Verlobung aufgelöst, und sie floh bei Nacht und Nebel ins Kloster. Sie war berühmt für ihre scharfe Zunge und die astronomischen Apanagen, die sie von Versailles forderte. Marie Antoinette nannte sie »die intriganteste kleine Karmeliterin von ganz Frankreich«. Ich dachte also, wir würden uns gut verstehen. Als ich ankam, von der Reise erschöpft und auf der Suche nach Futter und Obdach für Titan, verweigerte sie mir jedoch die Audienz. Wie ein Bettler musste ich in der Hitze vor den Mauern ausharren und wurde nicht einmal in den kleinen Eingangsbereich des Klosters gelassen. Schließlich händigte man mir eine Nachricht von ihr aus. Sie verlangte, dass ich weibliche Kleidung anlegte, bevor ich die Schwelle des Klosters überschritt. Meine alte Kleidung sollte ich auf den Misthaufen legen.

Ihre Nachricht kam in Begleitung eines Kleidersacks, und die Botennonne sagte, ich könne Titan in den Stall bringen und mich dort umziehen. Als ich Titan in die Unterkunft brachte, die er sich mit den Kutschpferden des Klosters teilen musste, wurde er unruhig, schnaubte und bäumte sich auf. Er witterte Stuten. Sein Trieb ließ ihn erschauern, und sein rötliches Geschlecht pulsierte vor Erwartung.

Ich konnte mich beim Umziehen nirgends verstecken. Seit meiner Kindheit hatte ich meinen Körper auch dann allen Blicken entzogen, wenn ich allein war. Beim Baden hatten wir unsere Unterwäsche anbehalten. Nur Mut! Ich zog mich aus und empfand keinerlei Scham. Ich sah an mir hinab und fand an nichts etwas auszusetzen.

Die Sonne ging unter, aber auch nach Einbruch der Nacht kühlte die Luft nicht ab. Der Vollmond stand am Himmel. Ich war allein. Eine große wassergefüllte Pferdetränke bot mir Platz. Ich möchte meine nachsichtige Leserschaft nicht mit Einzelheiten des ersten kühlen Bades behelligen, das ich als Frau nahm, und sie mit meiner Wiedergeburt in einem Stall molestieren. Später sollte ich mich an diesen Augenblick erinnern, denn ich entdeckte, dass »meine von der Sonne verschiedener europäischer Wetterlagen verbrannte Haut in weichen Samt verwandelt worden war, sanft wie die Liebkosung weißer Atlasseide«.

Ich warf meine geliebte Dragoneruniform auf den Misthaufen, zog meine neue Uniform aus heißer, rauher brauner Wolle an und schob die Füße in Holzschuhe.

Das Kloster musste mit seinen dicken Mauern kühl sein und die Kapelle noch kühler. Als ich endlich in den Eingangsbereich des Klosters kam, stoben die Nonnen auseinander. Sie behandelten mich wie eine Aussätzige. Beim Abendessen warf die Mutter Oberin mir vom Kopf der Tafel einen Blick zu, nickte förmlich und gab einer anderen Nonne, die sich als ihre Leibmagd erwies, einen Zettel, den sie mir ein paar Meter weiter aushändigen musste. Darauf stand: »Das Glück verweilt nicht in Palästen, und vielleicht werdet Ihr es hier finden. Legt Eure mitgebrachten Dokumente morgen um sechs auf mein Pult. Ihr werdet von nun an ausschließlich Frauenkleidung tragen. Bei Zuwiderhandlung wird Eure mit dem König getroffene Vereinbarung annulliert, Ihr werdet gefangen gesetzt und verliert die Euch zugesicherte Pension. Sucht Trost bei Gott, der hier allgegenwärtig ist. Betet.«

Ich betete um eine schnelle Wende meines Schicksals und eine herrliche Zukunft. Jeden Abend besuchte ich in meinem braunen Kleid Titan und merkte, dass er kaum von mir Notiz nahm. Er hatte mit seinem Sozialleben alle Hufe voll zu tun und schon mehrere Stuten gedeckt. Nach Verstreichen des ersten Monats und nachdem ich eingesehen hatte, dass noch viele folgen würden, stellte ich fest, dass ich mich auf die stummen Mahlzeiten freute, den Getreidebrei mit ein bisschen Fleisch, dasselbe, wovon ich mich als Soldat so gern ernährt hatte. Meine Zellenpritsche und das Betpult waren nicht härter als meine Londoner Möbel, und beim Aufwachen beunruhigte der kommende Tag mich nicht mehr, denn alle Tage waren gleich. Meine Satteltaschen und der Degen waren während der Abendandacht aus meiner Zelle verschwunden, aber ich konnte die Bibel lesen. Ich lernte Abgeklärtheit. Mein Körper meldete sich nicht mit außergewöhnlichen Trieben. Nach und nach dachte ich gar nicht mehr an Pierre. Da es nirgends im Kloster einen Spiegel gab, vergaß ich bald, dass ich überhaupt ein Gesicht hatte. Da ich keine anderen Gesprächspartner hatte, hielt ich innere Zwiesprache mit dem HErrn. Bald sagte ich Ihm guten Morgen und gute Nacht und dankte Ihm für kleine Dinge wie regelmäßigen Stuhlgang.

Ich war so gut wie sofort zur Gartenarbeit eingeteilt worden, konnte meine Kerkermeisterinnen aber schnell davon überzeugen, mir die gefährlichere Arbeit eines Baumpflegers anzuvertrauen. Schon bald waren die Bäume meine Freunde, und wir führten lange Gespräche. Nachdem ein alter Apfelbaum von einem Herbststurm fast entwurzelt worden war, mit meiner Hilfe aber überlebte, weil ich ihn aufrichtete und seine Wurzeln wieder im Boden vergrub, wuchs er mir besonders ans Herz. Ich wartete ungeduldig auf den Frühling, und als er blühte, fühlte ich mich richtig beschwingt. Die Nachricht traf ein, dass mein Vater gestorben war, im Schlaf und ohne zu leiden. Das berührte mich gar nicht. Meine Schwestern hatten große Familien, und wenn sie aus ihren Leben erzählten, langweilte ich mich in aller Regel.

Ein Jahr verging.

Eines Morgens fand ich eine Nachricht der Mutter Oberin auf meinem Betpult: Ich wurde in Paris im Atelier von Madame Bertin erwartet, die meine Garderobe für Versailles schneidern würde. Auf meiner Pritsche lag eine Devantière, ein schlichtes graues Reitkostüm, das ich auf der Reise tragen sollte. Ein langer, weiter Rock und dazu eine steife Redingote. Kaum ein Unterschied zur Reitkleidung eines Mannes. Ein grauer Hut. Die Reitstiefel, die ich beim Ritt aus London getragen hatte. Meine Satteltaschen lagen neben der Tür. Ich hatte Angst davor hineinzuschauen. Statt mich darüber zu freuen, dass meine ersten Gebete erhört worden waren, war ich bestürzt. Ich merkte jäh, dass ich das Kloster nicht verlassen wollte.

Ich schrieb der Mutter Oberin, bat um meine erste Unterredung und gab das Blatt ihrer Leibmagd, die bald darauf mit einem schriftlichen Einverständnis zurückkam. Ich solle mittags in die Kapelle kommen.

Die Kapelle war leer. Die bucklige Mutter Oberin kniete in der Mitte einer Bank. Sie hatte den Kopf gesenkt, und ihre Lippen berührten die Knöchel der gefalteten Hände. Ich kniete mich so nah neben sie, dass ich ihre Wärme spüren konnte, aber trotzdem fröstelte ich. Sie sah nicht hoch. Ihre Hände hatten glatte und weiße Haut, ihre Finger waren lang und elegant. Nach vielen Monaten sprach ich erstmals wieder einen anderen Menschen an. »Mutter«, flehte ich. »Mutter, ich möchte dem Orden beitreten. Ich möchte hierbleiben. Für immer.«

»Ihr könnt dem Orden nicht beitreten. Ihr könnt nicht bleiben«, sagte sie tonlos. »Ihr müsst gehen.« Sie löste ihre Hände, und die eine zeigte zum Ausgang der Kirche. Die Audienz war beendet. Sie blieb in der Bank. Ich gehorchte mechanisch. Ich kehrte in meine Zelle zurück, zog den Nonnenhabit aus und legte die mir zugewiesene Reitkleidung an. Mein schulterlanges Haar stopfte ich unter den Hut. Wie nett von der Magd: In den Satteltaschen waren die Bücher, Orden und Bänder, die ich aus London mitgebracht hatte. Nur der Abaelard fehlte. Mein ganzes Silber war ebenso da wie mein Degen.

Ich hatte Titan seit etlichen Monaten nicht mehr besucht. Er war feister geworden, seine Seiten standen hervor, er war sehr ruhig, und erst nach mehreren Minuten verstand ich den Grund.

Er war kurz zuvor kastriert worden und zeigte noch zwei große Wunden in der Leiste. Warum war mir nicht instinktiv klar gewesen, was man meinem lieben Freund antun würde? Ein Pferdebursche erzählte mir, er hätte alle Stuten gedeckt, auch die alten und schwachen, aber auch danach hätte sich sein Geschlechtstrieb nicht gelegt. Zweimal war er aus den Ställen ausgebrochen. Alle Fohlen waren mit Missbildungen zur Welt gekommen. Sein Samen war schädlich. Ein Pferdearzt aus der Gegend hatte ihn verschnitten. »Er kann aber reisen, ich habe ihn darauf vorbereitet«, versicherte der Bursche mir.

Titan trug einen Damensattel. »Kopf hoch, daran gewöhnen wir uns«, sagte ich und schwang mich in den Sattel. Er zockelte los. Der Damensattel war fürchterlich und schnitt in die Beine ein, als ich Titan die Sporen gab, damit er in Trott verfiel. Als wir Paris erreichten, hatte mein Frohsinn wieder die Oberhand gewonnen. Ich war frei, sagte ich mir. Ein neuer Mensch. Weltliche Freuden erwarteten mich, darunter Geld, Bücher und alles, was man für die Rache brauchte.

Wie ich mich bei meiner Aussteuer fühlte

Rose Bertin, die Leibschneiderin der Königin, war mit ihren fünfundzwanzig Jahren im gleichen Alter wie Marie Antoinette – zu alt, um Rot zu tragen, zu alt auch für Bänder um den Hals, aber noch jung genug, um sich in äußerst aufwendige Kostüme zu werfen. Madame Bertin war ihre Vertraute und Beraterin und hatte damit Macht über das Staatssäckel jedes Kriegsministers. Mit ihren runden, rosigen und glasigen Wangen und dem großen kirschroten Mund ähnelte sie einer ihrer eigenen lebensgroßen Puppen. Sie hieß mich persönlich in ihrem Pariser Atelier Au Grand Mogol willkommen und erwies sich als keineswegs puppenartig. Sie war kurz angebunden und herrisch, was vielleicht am Einfluss lag, den sie ausübte, denn Frauen können mit Macht nie spielerisch umgehen, weil sie immer befürchten müssen, sie wieder zu verlieren: Bald darauf sollte sie zur offiziellen »Mode-ministerin« werden. Sie verstand indes schnell, dass ich nicht zu ihren sonstigen reichen Kundinnen gehörte.

Ihre Modistinnen schwärmten um mich herum und nahmen meine Maße in Dessous, eine Rücksichtnahme, die jeder Person über dreißig entgegengebracht wurde, während Madame Bertin bedächtig um mich herumging und überlegte, wie sie das Beste machen könne aus mir, einem alten und angegrauten Geschöpf, einer umwerfenden Frau. Ich bat um Grün- und Brauntöne, die Farben der Dragoner. Sie füllte ein kleines Büchlein mit Skizzen und Notizen. Als ich ihre Modistinnen »Adjutantinnen« nannte, entgegnete sie: »Nein, das ist meine Hexenschar«, und lächelte mich zum ersten Mal an. Sie hatte keine Schneidezähne mehr.

Den nächsten Halt legte ich wenige Straßenzüge weiter ein. Madame Barmant, »Herstellerin elastischer Schnürbrüste«, gab widerwillig meiner Bitte nach, angekleidet vermessen zu werden. Dann ging es weiter zu Perückenmacher Sieur Brunet, der den Auftrag über eine Perücke und zwei Hüte erhalten hatte. Mein weiß belockter Schädel wurde geschoren und eingepasst. Fünfzehn Jahre zuvor hatte ich in Sankt Petersburg prachtvolle Gewänder und Perücken getragen, einfache, mit denen ich selber klarkam und die ich immer gebrauchsfertig hielt, aber die Mode hatte sich geändert, und selbst das Aufsetzen einer Perücke erforderte vier bis sechs Hände.

Während mein Kopf in einer Form feststeckte, traf ein Bote des Königs mit Anweisungen ein – ich sollte nach Hause in die Bourgogne weiterreisen, wo ich die Fertigstellung meiner Garderobe abzuwarten hatte. Ich war wieder in Frankreich, wo man gesagt bekam, was man zu tun hatte. Mir blieb nichts anderes übrig als zu gehorchen. Ich hielt kurz an, um meinen Damensattel zu verkaufen, und erfuhr seinen eigentlichen Wert, denn es handelte sich um ein neues, von der Königin selbst entworfenes Modell. Eine fürsorgliche Freigebigkeit der Mutter Oberin. Der Damensattel erzielte einen guten

Preis, ich kaufte mir einen Herrensattel, der beim Galopp angenehmer war, und behielt sogar noch Geld übrig.

Verglichen mit Versailles ist Tonnerre schmucklos, eine graue mittelalterliche Kleinstadt am Ufer eines Provinzflusses in einer Region, die sich ihres Maßes rühmt, maßvoll hügelig und maßvoll grün ist, aber erstklassige Weine hervorbringt. Die Nachricht von meiner Rückkehr nach zwei Jahrzehnten eilte mir voraus, und als ich eine Woche später in Tonnerre eintraf und in meiner grünen Uniform mit dem Degen an der Seite um die letzte Kurve der Straße herumgaloppiert kam, hatten die Städter an der Brücke über den Fluss Fackeln angezündet und schon stundenlang auf meine Ankunft gewartet. Alle zwölfhundert Bürger waren da, die Männer mit Kanonen und Pistolen, die Frauen mit Blumen. Nur meine Mutter fehlte. Sie stand an einem Fenster unseres Hauses, das etwas von der Straße zurückgesetzt war; es hatte hohe Tore und einen gepflegten Vorgarten. In jeder größeren Stadt hätte es schlicht gewirkt, doch für Tonnerre war dieses Haus vornehm. Als sie die Kanonen hörte, kam sie zum Torweg. Als sie mich sah, »traute sie ihren Augen nicht« und schloss sie, mir ohnmächtig in die Arme sinkend, während sich meine alte Amme nach vorn durchschlängelte und in Tränen ausbrach. Ich hatte beide zwanzig Jahre lang nicht gesehen, und sie waren zu Mumien verschrumpelt.

Ich bat darum, mich sofort hinlegen zu dürfen – in meinem alten Zimmer, das jahrzehntelang verschlossen und leer gewesen war. Als die Fensterläden zum ersten Mal wieder geöffnet wurden, brachen sie aus den Scharnieren. Das Zimmer wurde gereinigt und gelüftet, auf den Holzdielen wurde hastig ein Lager aus Stroh, Leinen und Federbett bereitet, während ich Titan zu Moses, einem Esel, in den Stall brachte. Plötzlich fiel mir Morande ein. Diese Jammergestalt. Er konnte nicht anders. Der gute alte Morande.

Zum Abendessen gab es einen Gemüseeintopf mit Hammelfleisch. Meine Mutter hatte ihn selbst gekocht, ein orgiastischer Festschmaus, dazu dicke Scheiben frisch gebackenen Brots. Nachdem sie zugegeben hatte, das Hammelfleisch solle mein Blut verbessern, das eindeutig zu viel Phlegma aufweise, schmeckte es mir nicht mehr. Meine Mutter ahnte nicht das Geringste von meiner Verwandlung, und ihre zaghaften Fragen nach meinem Leben in den letzten Jahrzehnten ließ ich unbeantwortet. Zum Glück erloschen die Kerzen während ihres Geplappers, und da kein Ersatz zu finden war, nahm ich das als Vorwand, mich früh zurückzuziehen. Der Vollmond, das Symbol der weiblichen Liebe, spendete nicht genug Licht, sodass ich hätte lesen können, wohl aber genug, um mir eine unruhige und jämmerliche Nacht zu bereiten.

Als ich gegen Morgen endlich eingeschlafen war, versammelte sich wieder die ganze Stadt vor unserem Haus. Ein paar Leute kletterten auf einen Baum und berichteten den Untenstehenden, ich hätte »wie ein richtiger Soldat« in einem völlig leeren Zimmer mein Lager aufgeschlagen. Daraufhin stimmte die Menge Lieder unserer Heimat an. Ich stand auf, winkte ihnen durch das offene Fenster zu und gab vor, die zweitklassige Aufmerksamkeit zu schätzen.

Einige Stunden danach kam meine Mutter mit dem Betpult meines Vaters sowie seinen alten Kniehosen und Hemden, um sie mir zu überlassen. Ich brachte von eigener Hand Vorhänge an und richtete das Hinterzimmer wie meine Klosterzelle ein. Ich schlich in Hosen herum und hatte immer Angst, irgendein Klatschmaul aus dem Dorf könne meine Aufmachung bei der Obrigkeit anschwärzen. Ich hasste mein altes Elternhaus – es ist immer bequemer, ein Haus zu hassen als seine Bewohner. Am zweiten Abend kehrte Pierre wie ein Herumtreiber in meine Gedanken zurück, und ich konnte nicht mehr mit GOtt sprechen. Ich konnte Pierre aber auch nicht ausquartieren. Wohin ich mich auch wandte, er war immer schon da, wenn auch stets im Begriff, mir zu entwischen. Das Geschnatter meiner Mutter gellte mir in den Ohren. Die Stille des Klosters fehlte mir, und in den nächsten Wochen nahm ich an gemeinsamen Mahlzeiten teil, weigerte mich aber, mehr als das Dankgebet zu sprechen. Meine Mutter hatte offenkundig Angst vor mir und traute sich in meiner Gegenwart kaum noch zu atmen. Es baute sich ein solcher Druck in ihr auf, dass sie eines Tages mit den Worten herausplatzte: »Zweiundvierzig Jahre sind vergangen.« Damit meinte sie aber nicht meine Geburt, sondern ein viel wichtigeres Ereignis in ihrem Leben, den Tod ihres ersten Sohns. Ich tat, als hätte ich nichts gehört.

Zu guter Letzt wurde meine neue Garderobe fertig, und ich konnte mein Zuhause endlich wieder hinter mir lassen. Der Hof hatte mir ein Häuschen außerhalb von Versailles zur Verfügung gestellt, wo ich vor Besuch sicher war; niemand wusste, dass ich dort war. Ein Dienstmädchen stand zu meiner Verfügung, eine Grisette in grauem Kittelkleid und mit dunkler Perücke, die mir zur Begrüßung entgegengeeilt kam und mich durch die bescheidene Haustür in die hübsch hergerichteten Stuben führte. Jemand hatte sich Gedanken über meinen Geschmack gemacht und Bücher ausgesucht, die mich sogar interessieren konnten. Ich hatte wieder eine Bibliothek! Die Einrichtung war einwandfrei. An den Wänden hingen Portraits des Königs, seiner Königin und aller Minister, sodass ich mich mit ihnen vertraut machen konnte. Im frisch gelüfteten Schlafzimmer stand ein weiches neues Federbett. Holzpritschen waren mir inzwischen zu hart. Das Hausmädchen riss die Türen der Ankleidekammer auf und trat ein paar Schritte zurück, damit ich untersuchen konnte, was mich darin erwartete. Mit verständlicher Neugier spähte ich hinein. Rose Bertin hatte keine Kosten der Königin gescheut. Es gab Kleider für alle Gelegenheiten, darunter auch ein schneeweißes. Als ich den Schrank wieder schloss und mich umdrehte, hielt die Grisette mir ein silbernes Tablett hin, auf dem ein versiegelter Brief lag. Er kam vom Außenminister. Ich las ihn hastig durch. Eine warme Begrüßung umschloss eine kalte Mahnung: Ließe ich mich in der Öffentlichkeit jemals als Mann blicken, würde ich ins Gefängnis geworfen, und die Pensionszahlung würde eingestellt.

Die Grisette war jung, einwandfrei, aber gewöhnlich; sie hatte Sommersprossen, was mich abstieß, und einen vulgären Dialekt. Ihre Augenbrauen und sogar ihre Wimpern waren rot. Sie warf mir einen strengen Blick zu. »Ich werde der Chevalière d'Éon beim Ankleiden behilflich sein«, sagte sie und nahm das schlichte braune Kleid aus dem Schrank, das man im Haus tragen konnte, wenn man allein war. Es bestand aus acht Einzelteilen, den Umhang nicht mitgezählt.

»Ich komme allein klar, Abigail«, sagte ich. »In England nennen wir unsere Dienstmädchen Abigail. Bring mir drei Mahlzeiten am Tag und um vier den Tee. Ich habe nicht die Absicht auszugehen.«

»Ihr kommt unmöglich allein klar«, sagte sie nachdrücklich. Als Salonlöwin, die keinen Besuch empfing, brauchte ich auch mit ihrer Hilfe zum Ankleiden vier Stunden. Die Zeitverschwendung machte mich wahnsinnig.

Wie ich mich auf französische Weise
zu kleiden lernte

Tagelang übte ich das An- und Auskleiden. In die ersten, schlichten Schichten schlüpfte ich ohne Unterstützung: ein Hemdkleidchen und Pantalons, die an den Schenkeln umständlich mit Schleifen geschnürt wurden. Dann läutete ich. Abigail kam mit meinem neuen Harnisch aus Seide und Wolle herein. Der Unterrock sollte jeden Widerstand unterdrücken, den ich womöglich gegen die Fischbeinstäbchen aufbrachte, die sie hinter dem Rücken rasch einhakte, wobei sie meinen Körper wie eine Wildkatze behandelte, die kratzend und beißend zu entkommen versuchte. Sie reichte mir meinen Geldbeutel, den ich mir zwischen die Brüste steckte, wo er bis zur Taille hinabrutschte. Es folgte das Hüftpolster aus Kork, das mich zusätzlich lähmte, ein bodenlanger Unterrock, um meine Beine zu fesseln, ein langes Tuch, das um die Schultern gelegt und vorn verschlungen wurde, um die Bewegungsfreiheit der Arme einzuschränken, und dann kam das Schlimmste, ein steifes Bruststück, das mir auf den Solarplexus drückte. Ein weiterer, segelgroßer Unterrock folgte, und wenn ich meine Hände schließlich kaum noch nutzen konnte, weil sie hinten an den Armenden feststeckten, kam Abigail mit dem braunen Hauskleid, das sie mit Nadeln am Bruststück befestigte. Bänder in den Unterröcken wurden angezogen und verschnürt, um mich noch ein bisschen mehr zu fesseln, und am Kopf wurde eine Tageshaube befestigt, damit ich mich auch ganz bestimmt nur noch äußerst langsam bewegen konnte. Um am Schluss zu gewährleisten, dass ich vollständig bewegungsunfähig war, wurden meine Füße in hochhackige Schuhe gequetscht. Vier Stunden waren vergangen. Das Entkleiden dauerte genauso lang. Nach vierzehn Tagen rechnete ich aus, dass ich knapp hundert Stunden für das An- und Ausziehen allein für meine Gesellschaft verbracht hatte. Kein Wunder, dass Frauen nie dazu kamen, die Macht zu übernehmen.

Nach und nach gewöhnte ich mich aber an das Martyrium. Ich dachte nicht mehr ununterbrochen an meine Kleidung, konnte vollständig bekleidet an einem Tisch sitzen und ein Buch lesen, und bald darauf gelang es mir auch, einen Brief zu schreiben.

Es gefiel mir nicht, dass sich die Welt ohne mein Wissen weiterdrehte. Ich wies Abigail an, mir beim Buchhändler jede Woche den *Mercure de France* und in den Wirtshäusern alle anderen Zeitungen und Flugschriften zu besorgen. Bei den zensierten französischen Zeitungen konnte ich immer noch zwischen den Zeilen lesen. Eines Tages setzte ich alles auf eine Karte und bat Abigail, auch die aufklärerischeren gesetzwidrigen Streitschriften zu erwerben. Das tat sie ohne Widerrede. Auf diese Weise erfuhr ich, dass Pierre mit den Reichtümern, die er an der Londoner Börse nach dem »Beweis« des Geschlechts der Chevalière d'Éon durch deren eigenes Wort erworben hatte, in Paris auf großem Fuß lebte. Er hatte sich im Herzen der Stadt ein neues Haus sowie einen dieser neuen, schnellen Einspänner gekauft.

Ich beschloss, mich in sein Glück einzumischen. Das Schreiben war mein Métier, für das ich nur noch ein Ventil fand – Briefe. In einem Brief an den Außenminister nannte ich meine Verkleidung als Frau eine Lüge. Ich sei durch »Pierre Carons Umtriebe« gezwungen worden, sie als Wahrheit auszugeben.

»Caron konnte mich nicht zur Unaufrichtigkeit verleiten, und damit sich seine Wetteinsätze auf mein Geschlecht gleichwohl lohnten, verbreitete er einfach in ganz Paris das Gerücht, er würde mich heiraten, obwohl er in Wahrheit kurz davorstand, in London mit meinem Knüppel Bekanntschaft zu machen!«

Der Außenminister schrieb mir in so bevormundendem Ton zurück, wie es meinem Geschlecht gebührte: »Ich bin entzückt zu hören, dass die nach Frankreich heimgekehrte Dragonerin die Beschaulichkeit genießt, die sie so lange entbehren musste.«

Ich schrieb direkt an den König: »All Eure Redlichkeit und die Redlichkeit all Eurer Minister und unter Zugabe der Redlichkeit Eurer höchsten Kanzleikräfte könnten aus Monsieur Pierre Caron keinen ehrlichen Mann machen. Das Licht, das sein Gebaren auf seinen Charakter wirft, hat mich leider gezwungen, ihn zu jenen zu zählen, von denen ich gehasst zu werden wünsche, auf dass ich meine Selbstachtung wahren kann. Ich warne Euch vor ihm, Sieur. Haltet ihn Euch fern.«

Ich erhielt eine nichtssagende Antwort von seinem Schriftführer: »Der König freut sich auf Euren ersten Besuch in Versailles.« Als Mann war ich unzählige Male dort gewesen, aber das zählte offenbar nicht.

Entmutigt wandte ich mich wieder an den Minister, ohne aber erneut die Frage meines Geschlechts zu erörtern: »Allein sein Name, sein wahrer Name, Caron, schafft Abhilfe von aller Liebe – dieser acherontische Beigeschmack –, fügt ein H des Horrors hinzu, und wir haben Charon, der die Toten in die Unterwelt bringt –, das würde jede Dragonerin ebenso entsetzen wie jeden Minister und jeden König, wie mächtig und mutig er auch sei.«

Das brachte neue Gerüchte über mich und gegen mich in Umlauf: »Eine Demoiselle d'Éon, herausgeputzt wie ein Weihnachtsbaum« oder »daherstolzierend wie eine antike Hetäre, die Brüste bis unters Kinn hochgequetscht« sollte bei verschiedenen gesellschaftlichen Anlässen in Paris gesichtet worden sein. Da ich mein neues Heim in Petit-Montreuil noch gar nicht verlassen hatte, vermutete ich, dass mein alter Pierre sein Privileg, Lügen über andere zu verbreiten, nicht verlieren wollte.

Ich setzte alles daran, mich in mein trauriges Los zu finden, kämpfte mit meinen alten Kleidungs- und Verhaltensweisen, und in der Öffentlichkeit genierte ich mich wie ein Fuchs, der den Schwanz verloren hat. Außerdem brach ich mir mehrmals fast das Genick, als ich auf hochhackigen Schuhen unterwegs war. Und als ich einmal voll kostümiert einen Übungsgang durch das einfache Dorf vor meiner Tür machte, kam ich an einer feinen Dame vorbei, und statt einen Knicks zu machen, nahm ich meine Perücke und den dreistöckigen Kopfschmuck ab, weil ich sie mit meinem Helm verwechselte.

Ich revanchierte mich derweil in einem weiteren Brief an den König, der sich, wie ich gehört hatte, gern an Klatsch und Tratsch labte. »Der selbsternannte Beaumarchais sucht mich meines Friedens und meiner Seelenruhe zu berauben. Vielleicht hat die Ohnmacht seines Zorns ihm die Sinne verwirrt. Er hat versucht, sich auf Kosten meiner Würde zu erhöhen, und er hat seine bürgerliche Enttäuschung darüber, dass er so oft gescheitert ist, zu rächen versucht, indem er mich demütigte, eine Frau, die ihm die Pracht ihres Geschlechts unter die Nase gerieben hat. Ich ließe ihn gern den Wölfinnen vorwerfen, aber er ist dermaßen hässlich, dass sie davonlaufen würden.«

Der König las meinen Brief einem kleinen Kreis von Höflingen vor, was einem Steinwurf in einen kleinen Teich gleichkam; es zog Kreise in alle Richtungen. Später erfuhr ich, dass er den Brief sogar hatte abschreiben lassen, damit er vor anderen und größeren Versammlungen vorgelesen werden konnte. Er galt als äußerst amüsant.

Bald darauf erhielt ich ein Schreiben von Pierre, das erste in über einem Jahr. Die engen Schwünge und Schnörkel seiner Handschrift, die ich einst so bewundert hatte, erinnerten mich jetzt an Würmer und Käfer, die aus einer Kotgrube auf die Seite geschlängelt und gekrabbelt kamen. Sie passten zu seinen Gedanken: »Möge die unverdient sanftmütige Behandlung in Frankreich Euch lange genug klar denken lassen, um Euch Selbstbeherrschung zu lehren. Alle Opfer, die ich Euch gebracht habe, sind offenkundig auf den kalten Stein Eurer Selbstverehrung gefallen. Ein Sinneswandel würde Euch gewiss inneren Frieden verschaffen. Was mich betrifft, so bereue ich es bitter, Euch je begegnet zu sein, da Ihr die leibhaftige Undankbarkeit seid.«

Ich trug seinen Brief auf weiteren Übungsmanövern bei mir, die mich durch einen kleinen und ausgestorbenen Park führten. Während ich dahinstöckelte, beschrieb ich den Bäumen meine Beziehung zu Pierre. Das wurde meine Übungsaufgabe, wenn ich voll kostümiert Ausgänge und Konversation machte. Einmal wollten ein Krähenschwarm und eine Rinderherde auf einer Weide den ganzen Brief laut vorgelesen bekommen. Ich tat ihnen den Gefallen. Die Krähen johlten vor Lachen und flogen davon. Die Kühe blieben, stierten mich an und verlangten nach mehr. Ich übte, indem ich den Kopf vor ihnen senkte, statt mir an den Hut zu tippen, und einen Knicks machte, statt mich zu verbeugen.

Wenn all die erstickenden Stoffe mich quälten, erinnerte ich mich an den Grund, warum ich sie trug – als vorübergehende Füllung im Fass ohne Boden, das Pierre Carons und Charles Morandes Geldgier darstellte.

Wie ich das Hofleben ertrug

Ich beantwortete Beaumarchais' unverschämten Brief gar nicht erst, weil Fortuna in meinem Namen eingriff. Die Nachricht machte die Runde, die amerikanischen Kolonien hätten, nachdem eines von »Pierres« Schiffen mit Waffen durchgekommen war, am 7. Oktober bei Saratoga einen großen Sieg errungen. Es waren so sehr meine Schiffe wie seine, soll heißen: Ohne meine Hilfe hätte das Schiff weder finanziert und beladen werden noch auslaufen können, aber er heimste den ganzen Ruhm ein. Als er in seinem brandneuen Einspänner lossauste, um dem König die Nachricht persönlich zu überbringen, stellte GOtt dem Pferd ein Bein, es stürzte und riss das Gefährt um. »Wer schildert uns der Kutsche schlimmen Fall, / Gebrochne Arm' und Beine überall?«, fragte John Gay. Der arme, arme Pierre hatte jede Menge gebrochene Knochen. Er lag, aus dem Verkehr gezogen, in Paris und konnte nicht an den Hof kommen. Vielleicht würde er sterben! Ich hatte derweil nur meine Knochen an die neue Garderobe gewöhnt. Während Pierre also in seinem kalten, leeren Bett heilte und ich kein einziges Gebet auf seine Wiederherstellung verschwendete, stellte ich mich endlich bei Hofe ein. Ich trug eine schwarze Perücke und einen neuen dreistöckigen Hut, den mir der Hutmacher geschickt hatte und der so viel Grünzeug und Blumen aufwies, als hätte ich einen Dachgarten auf dem Kopf. Das Kleid war lang genug, um meine Männerschuhe zu verbergen. Es war das kunstvolle weiße mit langer Schleppe, weil ich wie eine jungfräuliche Braut »erstmals bei Hofe eingeführt wurde«. An der Brust trug ich das Sankt-Ludwigs-Kreuz.

Zu meiner Überraschung wurde ich mit ausgesuchter Freundlichkeit willkommen geheißen. Meine lange Schlacht gegen die französische Obrigkeit war ausgefochten, eine Zeit des Elends, mit dem ich mich eigentlich nicht einmal identifiziert hatte, während ich es durchlitt. Es wurde durch die Bewunderung meiner Person ersetzt, genauer gesagt, einer ganz besonderen Frau. Sofort wollte alle Welt mit mir speisen, tanzen und plaudern. Die Frauen beneideten mich um meine Vergangenheit und wollten Genaueres wissen. Ich erzählte nur zu gern von meinen Heldentaten auf dem Schlachtfeld. Sie hatten einen unersättlichen Appetit auf Blutbäder. Ich konnte ihn stillen. Dann stellten sie aber unweigerlich schwierigere Fragen: Sie wollten wissen, was das Leben als Mann vom Leben als Frau unterschied.

Es gehört großes Konversationsgeschick dazu, auf Fragen mit Gegenfragen zu reagieren und so zum Ursprung zurückzugehen – ich gab mich also unschlüssig und bat sie um ihre Meinung. Begeistert entwickelten sie ihre Standpunkte, aber wenn sie das eigene Bedürfnis befriedigt und die geisttötendsten Theorien über die Geschlechter entwickelt hatten, die sich unweigerlich um die durch unseren niedrigeren Wuchs bedingte

Schwachheit drehten sowie um die Mission, Kinder zu gebären, hatten sie eine neue Frage:

»Was ist mit der Liebe?«, riefen sie. »Worin unterscheidet sich die Liebe, die ein Mann fühlt, von der Liebe, die eine Frau fühlt? Einzig Ihr allein seid imstande, uns das zu sagen!« Bei der Frage schoss mir das Blut in die Lenden und Wangen, was selbst die dicken Puderschichten nicht verbergen konnten. Ich musste meinen Atem beherrschen, um nicht loszukeuchen. Ich stammelte, am wichtigsten sei die Liebe GOttes. Glücklicherweise beschämte sie meine Antwort, und sie gaben Ruhe, aber am nächsten Abend wurden in einer neuen Runde unweigerlich wieder dieselben heiklen Fragen gestellt.

Ich wusste, dass ich mich am Hof in einer gefährlichen Situation befand. Eine einzige Zunge genügte, und schon würden alle anderen Zungen gewetzt. »Kaum spreche ich von Liebe, errötet sie. Warum wohl?«

Musste ich da nicht sogar meine verdrießlichsten Waffenbrüder vermissen? Zu meinem Entzücken fehlte ich ihnen auch.

Der immer noch schmucke Graf von Chambray zog mich eines Abends in den Garten und murmelte: »Ich hoffe, die Chevalière d'Éon bringt mir dieselben freundschaftlichen Gefühle entgegen wie der Dragonerhauptmann, den ich wiederzuerkennen glaube. In welcher Gestalt Ihr Euch auch zeigt, ich werde immer denselben Anteil an Euch nehmen und wäre gern versichert, dass auch Ihr mir dieselben Gefühle entgegenbringt!« Wir hatten bei mehreren blutigen Schlachten Seite an Seite gefochten, hatten Verluste und Tabak geteilt.

Ich erwiderte: »Es ist traurig, aber wahr, mein lieber beherzter Graf, dass der Gehorsam gegenüber den Geboten des Königs wie des Gesetzes mich zwingt, Röcke zu tragen. Und alles nur zur Beruhigung wankelmütiger Menschen, die Anstoß an der Freiheit einer jungen Frau nahmen, die einen Weg gefunden hatte, ihre Tugend in Eurem Dragonerregiment zu beschützen, indem sie sie versteckte. Als ich bloßgestellt und meine Täuschung öffentlich wurde, entdeckten die Menschen überrascht, dass ich mich jahrelang als männlicher Heißsporn erwiesen hatte und dabei eine Frau geblieben war. Nun zwingt mich der Hof, ob als Belohnung oder als Bestrafung, meine Tage so zu beenden, wie ich sie begonnen habe – *en cornette*.« Und ich wies auf mein Kleid.

Mit Tränen in den Augen sagte er: »Ich möchte Mademoiselle d'Éon hochachtungsvoll ersuchen, mir zu gestatten, meinen alten Regimentskameraden geradeheraus und von Herzen in die Arme zu schließen«, und drückte mir die Schultern, ohne Rücksicht auf mein straff geschnürtes Mieder zu nehmen. Seine Umarmung berauschte mich. In seinen Armen war ich einfach wieder Soldat.

In derselben Woche kam in einer kalten Nacht ein Lakai in Marie Antoinettes goldener Kutsche vorgefahren. Abigail kam mit einem Brief zu mir geeilt. Ich wurde aufgefordert, mich auf der Stelle in den Privatgemächern der Königin einzufinden. Ich war im Nachthemd. Ich hätte Stunden gebraucht, um mich herzurichten. Der Lakai begab sich zurück, und ich wurde nicht wieder eingeladen. Die Königin folgte ihren Eingebungen des Augenblicks, und in diesem Fall hatten Bemerkungen betrunkener Festgäste sie angeregt, mich zu sich zu zitieren. Später sollte sie ihre schwache Neugier befriedigen, indem sie mich quer durch einen Saal anstarrte. Im Gegensatz zu anderen Frauen wollte sie ganz entschieden nicht herausfinden, wie es sich als Mann lebte. Und sie hatte das Bedürfnis, alle anderen Monarchinnen auszustechen, also hätten meine Anekdoten über das Dasein als Hofdame bei Zarin Elisabeth in Sankt Petersburg sie nur verstimmt.

Immer mehr schüchterte Versailles diese tapfere Maid ein, die das Geschwätz tödlicher fand als jedes Geschütz. Ich freute mich auf den Besuch des greisen Voltaire, der sich nur für meine Konversation interessieren würde. Nach jahrelangem Exil war ihm gestattet worden, nach Frankreich zurückzukehren, und man hatte ihn pflichtschuldig auf einen Abend in den Palast eingeladen. Dann steckte man ihn aber in ein winziges Gastzimmer ohne Fenster, das direkt neben den Wasserklosetts für die Palastdienerschaft lag. Der Gestank verursachte ihm Brechreiz. Er verstand den Affront und reiste wieder ab, ohne auch nur ausgepackt zu haben. Ich fand, auch für mich wurde es Zeit, nach Paris zu gehen.

Kurz zuvor hatte ich einen Brief von einem alten Lehrer erhalten, der mich als jungen Mann in Ökonomie unterwiesen hatte. Seine ersten Worte lauteten: »Tapferes Wesen, hätte ich Eure Schreibbegabung, befände ich mich jetzt nicht in einer solchen Malaise, wie ich Euch ansprechen soll. Ich hoffe, es konveniert, wenn ich Euch kein Geschlecht beilege, Euch so über beide stelle und auf diese Weise ebenfalls die Wahrheit sage.«

Dem folgte eine höchst liebenswürdige Einladung, eine Fünfzimmerwohnung am Quai du Conti mit Blick auf den Pont des Arts zu beziehen. Sie stünde mir allein zur Verfügung. Meiner Leibdienerin würde ein Zimmer im Gesindetrakt in der Mansarde des Gebäudes reserviert. (Die Großzügigkeit meines Lehrers sei hiermit gefeiert, lange nachdem er, vergebens um Gnade flehend, an einer Laterne aufgehängt wurde, weil er das Verbrechen begangen hatte, reich zu sein. Er bittet mich zu erwähnen, dass er durch die Hand der Blutrünstigen den Tod erlitt, um die Reichen daran zu erinnern, dass Geld keine Sicherheit verschafft.)

Heiteres Paris

Ich verließ Versailles an einem kalten Morgen und ritt auf Titan gehorsam im Damensattel. Mein großer grauer Wallach erinnerte sich nicht einmal mehr an sein Leben als ungestümer Hengst. Von abgeklärtem Wesen, zog er dem Kanter jetzt einen sonnigen Schritt vor und blieb gern und häufig stehen, um vom Gras zu naschen. Wir hatten Geduld miteinander und kamen rechtzeitig zu unser beider Mittag an. Er erhielt eine schöne Unterkunft im Innenhof.

Ich hatte mich an Abigail gewöhnt, die in der Kutsche mit unserem Gepäck saß und ein paar Stunden später zu uns stieß. Wir lebten uns schnell ein. Es gab zahllose zusätzliche Dienstleute, und ihr Arbeitsaufwand hielt sich in Grenzen. Sie scheuchte die anderen herum. Zu diesem Zeitpunkt hatten wir schon ein Jahr zusammen verbracht, und unvermeidlich war es eines Abends zu einer offenen Aussprache gekommen. Wie sich herausstellte, war sie ganz wie ich Jungfrau, bereute nichts, verspürte keine enttäuschte Neugier, weil sie nie einen Mann oder Kinder bekommen hatte, und auch Braut Christi musste sie sich nicht nennen lassen. Sie hatte das Gefühl, dem

HErrn am besten dienen zu können, wenn sie ein bescheidenes Leben führte und jetzt in meinen Diensten stand. Mir fehlte immer noch Mrs Cole in London, deren Güte und Fröhlichkeit nicht in Abigails Wesen lagen. Aber wenigstens konnte ich in ihrer Gegenwart ganz ich selbst sein. Gelegentliche Stürme ihres Missfallens waren schnell überstanden. Den wichtigen Dingen brachte sie die Toleranz der wahren Katholikin entgegen und konzentrierte ihre Intoleranz auf Kleinigkeiten wie die falsche Art und Weise, ein Ei zu köpfen, die sie erbosen konnte. Erst nach zwei Jahren unserer Bekanntschaft gestand sie mir die quälendste Wahrheit über sich, dass sie nämlich die uneheliche Tochter des Beichtvaters von Louis XV. war. Ich wusste, dass ich das für mich zu behalten hatte, und konnte goutieren, dass auch sie mich beschützte. Als sich herumsprach, dass Voltaire dem Hof einen abschätzigen Brief über mich geschrieben hatte, gelang es ihr, ihn während des geplanten Besuchs bei einem anderen Hausmädchen kurz in ihren Besitz zu bringen, zu lesen und auswendig zu lernen, sodass sie ihn mir später zu meiner Erbauung zu Gehör bringen konnte:

»Ich muss mit Euch partout über das Amphibienwesen sprechen, das weder Mann noch Frau ist, sich gegenwärtig, wie ich höre, als Frau kleidet, das Sankt-Ludwigs-Kreuz an der Brust trägt und eine Pension von 12 000 Livres bezieht. Entspricht dies alles der Wahrheit?«

»Ich danke dir, Abigail. Er ist klüger als die meisten, wenn er mich ein Amphibienwesen nennt, denn das zeugt von einer Herzenskälte, die außer mir niemand kennt«, munterte ich sie wieder auf. Sie billigte Kälte als

Tugendbeweis und glaubte mir aufs Wort. Ich wollte ihn kennenlernen. Warum nachtragend sein? Er war kurz zuvor in die Pariser Freimaurerloge Les Neuf Sœurs aufgenommen worden, die die amerikanische Unabhängigkeit unterstützte. Als Mann hätte auch ich dort meine natürliche Heimat gesehen. Ich fragte mich, ob er eine entschiedene Meinung zu Amerika hatte oder ob gesellschaftliche Utopien ihn nicht mehr kümmerten. Und ich fragte mich, ob wenigstens der große Voltaire mich durchschauen würde. Ich schrieb ihm eine blumige Lobeshymne. Er schrieb eine gezackte Zeile zurück, als wäre ein Vogel über die Seite gehüpft, und stimmte einem Mittagessen zu.

Ich holte ihn in seiner Wohnung ab und ging mit ihm zum Hotel d'Aligre. Wieder Frühling. Würde es ihn noch einmal rühren, wie die warme Brise die jungen, zartgrünen Blätter an den Bäumen zauste? Er stützte sich auf meinen Arm, machte schlurfende Trippelschritte, und seine Augen richteten sich nicht mehr auf die Welt und seine Mitmenschen, sondern auf seine unzähligen inneren Feinde, von seinen zanksüchtigen Gedärmen über seine schwachen Füße, die die Felsen der Bordsteine nicht mehr erklimmen konnten, bis hin zur geistigen Strapaze, mit einem fremden Wesen Konversation machen zu müssen, das ihn einst bewundert hatte und dazu jetzt nicht mehr imstande war. Das Restaurant bot die beste Suppe der Stadt an, und ich hatte einen Tag gewählt, an dem, wie ich wusste, keine Kosten gescheut wurden – sie enthielt Lammbouletten. Er würdigte mich kaum eines Blickes, und sein Schweigen zwang mich zum Plaudern, während er sich systematisch seiner Suppe widmete. Ich sah, wie seine alten Lippen sie schlürften, wie verschwitzt sein Kopf sich neigte, als würde er einen Kampf ausfechten, und ich schwor mir, niemals so alt zu werden. Ich erzählte ihm, welche finanziellen Umtriebe auf meine Kosten sein Kollege unternommen hatte, den ich »Charon« de Beaumarchais nannte. Wenigstens das Wortspiel bekam er mit. Zum ersten Mal sah er zu mir hoch, die Augen tief eingesunken im aufgedunsenen Gesicht, und murmelte: »Rächt Euch, indem Ihr ihn überlebt. Der Versuch ist es wert. Man muss seine Feinde immer überleben!« Ich nahm es mir vor.

Nachdem ich für jeden von uns sechs Livres bezahlt hatte – eine Summe, die ich lieber auf einen neuen Umhang verwendet hätte – und wir kein weiteres Wort gewechselt hatten, fragte ich, ob er Aufschluss darüber erlangt hätte, ob ich ein Mann oder eine Frau sei. Mürrisch erwiderte er: »Wäre ich nur zehn Jahre jünger, brächten Euer Esprit und Eure 12 000 Livres im Jahr mich in Versuchung, das Rätsel Eures Geschlechts zu ergründen. Wie Ihr seht, stehe ich jedoch mit einem Fuß im Grab, wo man sich für Novitäten nicht länger interessiert.« Dann sah er mich durchdringend an und fügte hinzu: »Um ehrlich zu sein, ich glaube, ich würde entdecken, dass Ihr ein Amphibienwesen seid, das die Farbe und Temperatur seiner Umgebung annimmt. In dieser Minute ein Stein, in der nächsten Gras.« Er ließ mich nicht aus den Augen und sagte dann noch: »Ich möchte prophezeien, dass Ihr kommenden Generationen ein großes Rätsel bleiben werdet.«

Die zwölf Livres hatten sich gelohnt, denn dem kleinen Charon kam sofort zu Ohren, dass ich bei seinem großen Kollegen über ihn hergezogen war. Und die Einladungen strömten weiter ins Haus. Ich sammelte sie in einer großen Samtschatulle, die bald überquoll, sortierte alle Briefe in seidenbezogene Schachteln und legte die ranghöchsten ganz nach oben. Ganz unten lag der Comte de Polignac in der dritten Person Singular: »Der verehrte Sieur oder die verehrte Madame, welche Anrede Euch genehmer ist, wird flehentlich ersucht, ihn in seiner Mansarde in den Tuilerien aufzusuchen und ein einfaches Mahl in militärischer Manier mit ihm einzunehmen, Koteletts, gefolgt von gutem Kaffee.«

Ganz oben lag, um jederzeit wiedergelesen zu werden, eine Trophäe: »Die Princesse de Montbarrey ist begierig darauf, Euch in ihrem Hause zu empfangen, sie erwähnt Eure umfassenden Kenntnisse über die jüngsten Ereignisse in Amerika. Ich musste ihr versprechen, dies Euch gegenüber zur Sprache zu bringen. Man schmeichelt mir sehr, mein lieber alter Waffenbruder, weil man glaubt, Ihr stündet zu meiner Verfügung. Das schöne Geschlecht, das seine Heldin, die Jeanne d'Arc der Jetztzeit, zu sehen wünscht, spricht mir gegenüber von nichts anderem.«

Als ich mich einmal nicht blicken ließ, weil ich der Gesellschaft überdrüssig war, und Krankheit vorschützte, brach sofort Anteilnahme über mich herein. Ganz oben in meiner Schatulle: »Prinzessin Sophia lässt nachfragen und Kürbissuppe schicken, die Euch, wie sie inständig hofft, kurieren wird.« Gefolgt vom Marquis de Comeiras: »Ich war tiefbetrübt zu hören, lieber Kamerad, dass Ihr einen rauhen Hals hattet; wir haben Euch Suppe und Rindsköstlichkeiten senden lassen.«

Nach kurzer Zeit war ich überall, auch wenn ich allein zu Hause war: In ganz Paris hingen Portraits von mir. Sie zeigten mich als Dragoner mit Helm, als Brustbild oder Ganzportrait, als edel gekleidete Dame mit großer

Büste und noch größerer Perücke, als Jeanne d'Arc zu Pferde, grimmig in die Ferne schauend, oder als furchteinflößende Minerva. Diese Portraits waren so gefragt, dass sie schnell kopiert wurden. Sie wurden erschwinglich. Mein Gesicht fand sich in den entlegensten Ecken Europas.

Der Abbé Moullet de Monbar, der Kaplan des Dragonerregiments, in dem ich gedient hatte, schrieb mir: »Ich konnte mich noch nicht so glücklich schätzen, Euch zu sehen, Mademoiselle, aber ich genieße den Anblick Eures Portraits, das die einzige Zierde meiner Gemächer ist und viele Besucher anzieht. Wenn ich es betrachte, dringt mir dieses Portrait in die tiefste Seele. Ich sehe eine Heldin vor mir, die noch die Amazonen und all die gefeierten Frauen des Altertums überstrahlt, ich sehe einen temperamentvollen und verwegenen Soldaten, ich sehe einen loyalen und patriotischen Botschafter in England, der Respekt vor dem König und sich selbst abnötigt, und ich sehe eine glorreiche und faszinierende Persönlichkeit.«

Auf Schritt und Tritt musste Pierre mich sehen. Einmal höhnte er in aller Öffentlichkeit, als er mit meinem Brustbild, dem Portrait einer ehrfurchtgebietenden und geheimnisvollen Dame, konfrontiert wurde. Daraufhin drehte sich ein anderer Gast zu ihm um und stieß ihm Bescheid: »Das Portrait ist grandios und zeigt die Schönheit von d'Éons Augen, die die der Madonna selbst sind. Das ist für Euch schwer zu ertragen, nicht wahr? Wahrheit und Aufrichtigkeit leuchten aus ihrem Antlitz, strahlend wie ein Blitz, der Euch treffen sollte!«

Pierre ging wutentbrannt, wurde erzählt.

Wie ich Pierres Obsession wurde

Grausame Menschen winseln in einer anderen Tonlage als gute Menschen, und ihr Gewinsel ist von unerbittlicher Falschheit. Hier ist der Beweis, hören Sie sich Pierres Gewinsel an: »Solange sich die Demoiselle d'Éon damit begnügte, ihre üble Nachrede hinsichtlich der Dienste, die ich ihr in England erwiesen habe, nur schriftlich zu äußern, strafte ich ihre Undankbarkeit mit stiller Verachtung, bedauerte ihre Narrheit, kaschierte ihre Fehler und schrieb sie der Schwäche eines Geschlechts zu, dem man alles verzeiht. Jetzt trachtet die Chevalière d'Éon jedoch nicht mehr aus der Ferne und schriftlich, mich zu verletzen, sondern in den edelsten Häusern von Paris, wo man sie aus Neugier empfängt, und selbst beim Souper und in Hörweite der Lakaien ist sie niederträchtig genug, mir die Aneignung von Geldern zu unterstellen, die mir zu ihrer Verwendung anvertraut worden seien. Ich wünsche der Demoiselle d'Éon keine Bestrafung. Ich begnadige sie.«

Er begnadigte mich? Er war von mir besessen. Er wollte mich vernichten. Würde es ihm gelingen? Natürlich hatte er höheren Orts Einfluss. Unsere Waffengeschäfte liefen großartig und schürten seinen Größenwahn. Reich war er, weil er mit der Hilfe anderer Reichtümer angehäuft hatte, erst mit der eines reichen alten Mannes, dessen Vernarrtheit er ausgenutzt hatte, und dann mit meiner. Er sprach offen über seine Verachtung der Aristokratie, nachdem er seinen letzten Centime für einen Adelstitel ausgegeben hatte. Er sprach offen über seine Verachtung der Literaten, verweigerte den Umgang mit ihnen und zog die Gesellschaft habgieriger Geschäftsleute vor. In mir hatte er aber seine Meisterin gefunden. Ich wusste mehr über Geld als er, und ich war so tugendhaft, wie er verdorben war. Nachdem er eingesehen hatte, dass er mir in den Salons nicht schaden konnte, setzte er seine Angriffe unter Pseudonym in der Presse fort. Nachdem meine Weiblichkeit ihm ein Vermögen eingebracht hatte, konnte er mich als Frau demütigen. »Mehr denn je sieht sie wie ein Mann aus, seit sie eine Frau ist«, schrieb er in einem anonymen Zeitungsbeitrag.

»Eine Scheusälin. Sie kleidet sich in Schwarz, hat den kurzgeschnittenen Tituskopf eines Priesters, ist mit Pomade zugekleistert und gepudert, und überwölbt wird sie von einer schwarzen Haube, wie fromme Damen sie tragen. Sie trägt immer noch flache runde Absätze, da sie die hohen, schmalen Frauenabsätze nicht gewohnt ist.« Bei den Schuhen hatte er sogar recht. Nachdem ich jahrzehntelang als Mann gelebt hatte, war ich außerstande, meine Füße auf die Weise zu foltern, an die Frauen von früher Jugend an gewöhnt werden. Ansonsten fand ich Pierres rhetorischen Amoklauf schmeichelhaft: »Seine Körpermaße und Muskelkraft sind herkulisch. Er springt ohne fremde Hilfe in und aus Kutschen, und auf Treppen nimmt er vier Stufen auf einmal!«

Sein Schlusssatz, »Es fällt schwer, sich etwas *Un-schicklicheres* als Mademoiselle d'Éon in Unterröcken vorzustellen«, bewegte mich zu einer zwanglosen Zuschrift an die Zeitung:

»Das romantische und ungestalte Herz von Sieur Caron ist von müßigen Capricen aufgedunsen; sein Ehrgeiz steigt an zur Höhe der Wellen des Meeres, das er überqueren müsste, wenn er den Wagemut hätte, nach Amerika zu gehen. Sein Mut reicht gerade aus, um ihm Überlegene zu verunglimpfen. Dasselbe ließe sich über seinen Busenfreund sagen, den verderbten Morande, der sich in London an erpressten Geldern des Königs gütlich tut.«

Aber die Wahrheit dämmerte mir. Pierre hatte auch ohne mich genug Feinde. Und sein schlimmster Feind war Morande — Morande hatte sich Pierre versklavt. Die Gründe dafür lagen ein paar Jahre zurück, als dieser mir in London den Hof gemacht hatte. Ich hatte damals nicht die leiseste Ahnung, dass er unter dem Vorwand, mich heimlich in London zu besuchen, auch Morande besuchte, was er wiederum vor mir geheim hielt.

Ich muss einen Schritt in der Zeit zurückgehen und eine verblüffende Geschichte erzählen.

Es war einmal

Einige Monate nach seinem großen Erfolg mit der Verbrennung von Morandes Manuskript in Marylebone, wo Pierre mich zum ersten Mal in die Finger bekommen hatte, heckten Morande und er den nächsten Plan aus, der französischen Monarchie das Geld aus der Tasche zu ziehen. Morande, der sich jetzt frömmlerisch als Moralwächter des Königs in London ausgab, verständigte Versailles von der Existenz der abermals gefährlichsten Schmähschrift aller Zeiten, die glücklicherweise noch nicht verbreitet worden sei. Sie enthielte auf ihren zehn Seiten die ultimative politische Katastrophe, behauptete unter Anführung von Einzelheiten, der junge König sei völlig impotent, seine Frau Marie Antoinette setze ihm Hörner auf, und ihre Kinder würden Bastarde. Eine Verbreitung des dünnen Pamphlets in Frankreich würde das Regime stürzen.

Einmal mehr wurde der geniale Pierre nach London entsandt, um eine Flugschrift zu unterdrücken, indem er sie – diesmal sogar mit Morandes Hilfe – aufkaufte.

Schon bald konnte Pierre nach Versailles berichten, der Autor des aufwieglerischen »Avis« sei ein geheimnisvoller italienischer Jude namens Angelucci. In seiner Beschreibung war Angelucci in allen Rattenlöchern Londons zu Hause, verzehrte sich vor Hass auf den christlichen Monarchen und vor jüdischer Geldgier. Er sei nur mit einer hohen Geldsumme zu sättigen. Pierre spürte ihn auf und konnte ihn dazu bringen, eine Übereinkunft zu unterzeichnen. Ende Juli händigte Angelucci Pierre für 36000 Livres den Stoß Pamphlete aus. Diesmal wurde die Bücherverbrennung nicht von Zeugen des Königs überwacht, weil dafür keine Zeit war; Pierre zufolge hätte ein Aufschub von nur einer Stunde den Juden dazu gebracht, es sich anders zu überlegen. Wenigstens war die Angelegenheit erledigt. Pierre wurde reich belohnt, und Versailles war erleichtert. Der König überreichte ihm ein goldenes Medaillon mit einer Urkunde »Dieser Mann steht unter meinem persönlichen Schutz«. Die Belohnung in Gold war so hoch, dass sich Pierre ein hübsches Haus in London kaufen, sich dort niederlassen – und mir umso besser den Hof machen konnte.

Doch dann! Wie sich herausstellte, hatte der »hinterhältige Israelit« ein Duplikat angefertigt, war damit aus England geflohen und unterwegs zu den großen Druckerpressen in Nürnberg, wo er es nachdrucken wollte. Pierre folgte ihm kurzerhand. Unter dem Vorwand, nach Versailles beordert worden zu sein, brach er das Süßholzraspeln bei mir ab und verschwand.

In Wahrheit jagte Pierre dem fahrenden Juden in der Postkutsche nach Nürnberg hinterher. Und welch eine dramatische Postkutschfahrt! In einem Wald vor Nürnberg holte er Angelucci ein, der auf einem braunen Pony dahertrottete. Der Jude merkte, dass er verfolgt wurde, und schlug sich auf seinem Pferdchen ins Unterholz, aber

Pierre heftete sich ihm an die Fersen. Dem Postillon war das Pony auf der Straße nicht einmal aufgefallen. Ungeduldig wartete er auf Pierres Rückkehr. Mit gezückter Pistole, so berichtete Pierre später, holte er das Pony ein, rang Angelucci von seinem Reittier und entriss ihm den Pasquill.

In diesem Augenblick sprangen plötzlich Räuber aus dem Busch und griffen ihn an. Einer zog einen Dolch und stieß nach Pierres Brust. Doch ein Wunder geschah! Die Klinge traf das Goldmedaillon, das er mit dem Schreiben des Königs um den Hals hängen hatte. Der Dolch glitt am Schutzbrief des Königs ab und verletzte Pierre nur Kinn und Hand. In diesem Augenblick stieß der ungeduldige Postillon ins Horn, woraufhin die Räuber die Flucht ergriffen.

Als Erstes zweifelte der bayrische Postkutscher diese Fabel an. Ihn erboste schon allein die Unterstellung, an »seiner« Straße könne es Wegelagerer geben. Pierre hätte sich die geringfügigen Schnitte offenkundig selbst zugefügt. Der Postillon hatte zuvor schon gesehen, wie er in der Kutsche mit einem Rasiermesser hantierte, und Angst gehabt, sein Passagier könne versuchen, sich während der Fahrt zu rasieren. Die Schnittwunden am Kinn hatten die Tiefe eines Rasiermessers. Der Kutscher, ein einfacher Mann namens Georg, tat das einzig Richtige – er zeigte Pierre bei der Polizei an, weil er entweder verrückt oder ein Spion war.

Pierre konnte sich aus dem Staub machen und huschte über die Grenze nach Österreich. Dort gewährte Kaiserin Maria Theresia ihm eine Audienz. Pierre riet ihr, die Vernichtung des Pamphlets, das er dabeihatte, am besten persönlich zu bezahlen. Sie bat um Bedenkzeit, zog sich zurück und erklärte ihren Ministern: »Der Mann ist wahnsinnig.« Pierre wurde unter Hausarrest gestellt, und sogar das Goldmedaillon des Königs wurde ihm abgenommen. Nach zweiwöchigen Verhandlungen ließ man ihn laufen, und er kehrte als Held nach Versailles zurück. Der französische Polizeichef war überzeugt, der geisteskranke Beaumarchais hätte das Pamphlet selbst geschrieben, einen Angelucci gäbe es gar nicht, und Morande hätte den Unrat in seinem Wohnzimmer gedruckt.

Für den Hof war es erforderlich, dass sich der zerknirschte Pierre der Gefahr bewusst war, in der er schwebte, damit ihm der echte Überfall auf *mein* Geheimdossier gelingen konnte. Er kam nie vor Gericht. Falls Sie sich wundern sollten, dass sich das mächtige Pack der Welt heutzutage schlägt und wieder verträgt – nun, es geschieht nichts Neues unter der Sonne.

Der Einzige, der für dieses Abenteuer am Ende einen Preis zu zahlen hatte, war Pierre selbst, aber einen anderen, als Sie jetzt vielleicht erwarten. Von jenem Tag an wurde er nämlich von Morande versklavt. Dieser hatte nichts zu verlieren, wenn die Affaire des venezianischen Juden an die Öffentlichkeit drang, denn er war ja schon ein Aussätziger. Pierre dagegen hatte alles zu verlieren. Und er bezahlte und bezahlte Morande dafür, im Lauf der Jahre mehr als das Doppelte dessen, was die Eskapade ihm eingebracht hatte. Schlimmer noch, Morande bestand darauf, Pierres neues Haus in London zu möblieren (er hatte einen schlechten Geschmack, den er sich aber gut bezahlen ließ), und das Allerschlimmste war, dass er der englische Übersetzer von Pierres sämtlichen Werken wurde, einschließlich der *Hochzeit des Figaro* – Morande kannte keine Gnade.

Als ich mich zwei Jahre später schon als feine Dame in Paris niedergelassen hatte und Pierre mit seinen Knochenbrüchen ans Bett gefesselt war, erfuhr ich von seinen vielen Verlusten, auch dass ihm gerade das letzte seiner drei Kinder gestorben war und er sein Geld unserem lieben gemeinsamen Freund in den Rachen werfen musste, während die Chevalière, die Frau, auf deren zarten Gefühlen er herumgetrampelt war, als größte Frau der Menschheitsgeschichte gefeiert wurde. Die Verachtung der Öffentlichkeit und mein glorreicher Sieg über ihn stimmten mein Herz milde. Außerdem war er der Einzige, der mein wahres Geheimnis kannte und wusste, wer ich wirklich war. Morande wusste es nicht, und meine Mutter wusste es auch nicht.

Wie ich mein Leben als Soldat wieder aufnahm

Doch kehren wir ganz in die »Gegenwart« zurück. Nachdem ich das anfängliche Patt in den Salons von Paris und Versailles als unangefochtener Sieger für mich entschieden hatte, langweilte mich dieses Leben, wie ich gestehen muss. Eines Morgens stand meine Grisette Abigail vor mir am Frühstückstisch. Sie wirkte kratzbürstig, und ihr rundes sommersprossiges Gesicht war versteinert. Sie hatte einen großen Bogen Papier in der Hand, und ich roch frische Tinte: eine Attacke. »Abigail, spiel nicht das aufgescheuchte Landhuhn. Hat wieder jemand über mich geschrieben?« Stumm reichte sie mir das Blatt. Erst nippte ich an meinem kostspieligen Kaffee. Abigail starrte mich an. Ich gab auf und musterte das Blatt.

Oben auf der Seite war ein wunderschöner Stich, der mich schlafend auf einer gemütlichen Chaiselongue zeigte. Auf einem Tischchen vor mir stand ein halb aufgegessenes Festmahl aus Obst und Fleisch, und um mich herum wurden ausgezehrte Männer, Frauen und Kinder ausgepeitscht und gefoltert. Darunter stand ein Text, der mich direkt ansprach: »An die Heldin unseres Vaterlandes. Die Zeit ist gekommen, da Ihr Euren Ruhm unvergänglich machen könnt! Waffnet Euch von Kopf bis Fuß wie Thalestris und Jeanne d'Arc und helft uns, die Welt von der Höllenbrut der Tyrannen zu befreien und in Amerika zu beginnen. Erwacht, d'Éon, die Ihr schlaft, während Despoten wachen. Wollt Ihr in Eurem Prunk verharren, statt zu den siegreichen Waffen des Achilles zu greifen? Errötet und marschiert! Euer Land ruft Euch! Eine Phalanx von Amazonen wird an Eurer Seite alle Unterdrücker der Menschenrasse niederschlagen. Erhebt Euch, und der Sieg ist unser!«

Meine Hände zitterten. Abigail starrte mich unverwandt an, ihre hellblauen Augen beharkten mich. Ich wehrte mich und sagte: »Abigail, du erinnerst mich daran, dass noch vor wenigen Hundert Jahren alle Rothaarigen auf dem Scheiterhaufen verbrannt wurden, weil man sie für Hexen hielt.« Sie schnaubte, wandte sich ab und stampfte unerschrocken davon, kam wieder hereingestampft und knallte mir ein reichhaltiges Frühstück auf den Tisch.

Ich schämte mich und schob den Teller beiseite. Abigail sagte: »Ihr müsst essen. Ihr seid nicht mehr so stark wie früher. Meine Gnädigste, Ihr müsst wieder zu Kräften kommen.« Sie wusste, dass ich die Wahrheit akzeptiert hatte und auf das wahre Schlachtfeld zurückkehren würde. Dort würde ich Anführerin sein.

Sie hatte recht: Mit jeder Woche schwand meine Gewandtheit infolge meines Alters und durch die Einschränkungen meiner Kleidung. Es fühlte sich wie eine kurze Minute an, während der ich dasaß und die Attacke in mir nachhallte. In der nächsten Minute trafen immer mehr Briefe ein, die sich in eleganten persönlichen Handschriften oder in den steifen Schriftzügen gewerbsmäßiger Skribenten auf sie bezogen. Alle kleideten in verschiedenen Sprachen denselben Wunsch in Worte, nämlich meinem »früheren« Beispiel zu folgen. Sie wollten kämpfen wie Männer.

Schon bald erschien die erste Frau an meiner Tür. Abigail ließ sie herein. Die zweite scheuchte sie weg. Die dritte auch. Bei dieser erwischte ich sie und wies sie zurecht. Normalerweise war sie es, die mich maßregelte. Sie mochten sich noch so fremdartig kleiden, sie mochten noch so aufdringlich riechen oder armselig aussehen – sie hatte ihnen allen mit äußerster Verbindlichkeit gegenüberzutreten. Ich sprach mit ihnen allen. In den nächsten Tagen empfing ich Besucherinnen aus Sankt Petersburg, Berlin, Wien, Istanbul und allen dazwischen liegenden Ländern, Frauen von riesigen Gutshöfen und aus kleinen Dörfern, und sie alle wollten dasselbe – mich zum Mindesten kennenlernen, und mehr noch: Sie wollten mir nachstreben, auch sie wollten Kriegerinnen werden. Blutjunge Frauen waren unter ihnen, bildschöne unberührte Jungfrauen, kraftvolle junge Amazonen und grimmige Schrullen. Sie alle waren für mich potenzielle Heldinnen.

Die einen betonten immer wieder ihre leidenschaftliche Unterstützung der Sache Amerikas, die anderen wollten einfach nur endlich in Hosen kämpfen. Etliche kamen schon uniformiert und trugen errungene Orden an den Aufschlägen. Viele hatten Familien, die von ihren militärischen Heldentaten nichts ahnten. Sie waren zu Hause einfach verschwunden und hatten Männer und Kinder zum Wohle der Menschheit zurückgelassen.

Diese Frauen erkannten schnell ihre gemeinsamen Interessen. Sie forderten lautstark, ich solle sie nach

Amerika in die Schlacht führen. Ich schickte sie weiter zu meiner Mutter nach Tonnerre, die die Fremden mit offenen Armen aufnahm. Am Ende dieser Zeit, die sich wie ein einziger Tag anfühlte, hatte ich wieder ein Ziel. Ich würde die Damen in Frankreich ausbilden, wir würden ein Schiff nach Amerika besteigen und uns General Washington anschließen. Wir würden den Krieg für ihn gewinnen. Noch aus Paris schrieb ich mehrere Briefe, in denen ich den König um eine Audienz ersuchte. Die Frage, was ich überhaupt bezweckte, beantwortete ich mit meinem Plan, in Amerika eine Amazonenbrigade anzuführen. Ihre Bewaffnung würde ich aus eigener Tasche finanzieren.

Ich musste eine Ewigkeit auf eine Antwort des Königs warten, und als sie endlich kam, blieb sie ausweichend. Er habe seine Berater hinzugezogen, und bis auf weiteres ermahne er mich, weiterhin Frauenkleidung zu tragen, oder ich erhielte keinen Sou mehr von ihm. Dass er über alles andere kein Wort verlor, nahm ich als Zustimmung und verließ Paris auf Titan und mit einem Lastpferd, das mein Gepäck trug. Zwei Jahre zuvor hatte ich erwartet, nach London zurückzukehren. Jetzt machte ich mich auf den Weg in eine weit strahlendere Zukunft.

Abigail wollte mich begleiten, aber sie taugte nicht zur Soldatin. Sie war nicht gerade beglückt, aber ich schickte sie in ihr Dorf unweit von Versailles zurück und ritt allein nach Tonnerre. Diesmal wurde ich nicht erwartet, und es gab keine Empfangskomitees. Meine Mutter begrüßte mich wieder am Torweg, weinte aber nicht. Sie hielt mich vielmehr auf Armeslänge von sich entfernt, machte mir Komplimente zum außergewöhnlichen Schnitt meines Reitkostüms, und dann brach sie plötz-

lich in Gelächter aus. Das Lachen einer robusten, lebens-
lustigen Frau. Ich musste unwillkürlich mitlachen, und
dann kamen die Leute herbeigelaufen, die wissen wollten, was es da zu lachen gab, und alle stimmten in das
Lachen ein, bis die Dachbalken bebten. Dann umarmte
sie mich, wie eine Mutter eine Tochter umarmt, nicht
einen Sohn, und es gab nicht das geringste Fremdheits-
gefühl zwischen uns. Ich fühlte mich, als hätte ich lange
Zeit gefroren und läge plötzlich unter einer warmen Dau-
nendecke.

Ich sah, wie sehr sie sich verändert hatte. Sie war keineswegs eine alte Frau. Im Gegenteil! Nach dem Tod meines Vaters musste sich ihr Alterungsprozess umgekehrt
haben. Sie war ein fröhlicher Mensch geworden und
hatte Genüsse entdeckt, die sie sich unter seiner Fuchtel
verboten hatte. Sie wurde rundlich und vergnügt, misch-
te sich unter die Bauern, brachte ihnen selbstgebackene
Kuchen, kümmerte sich nicht mehr um die Tageszeit, aß
manchmal morgens um sieben zu Abend, ging dann ins
Bett und stand wieder auf, wenn die Sonne unterging.
Nach meinem ersten Besuch hatte sie Kerzenvorräte für
ein ganzes Jahrzehnt angelegt. Die fünfzehn Besucherinnen, die ich aus ebenso vielen verschiedenen Ländern
zu ihr schickte, hieß sie in ihrem seltsamen Chaos mit
offenen Armen willkommen. Räume wurden wieder in
Gebrauch genommen, die jahrzehntelang verschlossen
gewesen waren, das Cembalo wieder aufgeklappt und
eine weitere Köchin eingestellt. Die Verachtung, die ich
ihr entgegengebracht hatte, wich Respekt und Dankbarkeit. Meinem Bruder hatte ihre ganze Liebe gegolten,
und er war der größte Verlust ihres Lebens gewesen. Er
war der erste Sohn nach einer enttäuschenden Reihe von

Mädchen. Ein Cherub mit blonden Locken, pummeligen Ärmchen und Knien, ein süßer Piepmatz und das Licht ihres Lebens. Es erlosch ein paar Tage vor meiner Geburt, als er drei Jahre alt war, alt genug, um an einem herrlichen Herbsttag allein herumzustromern, während meine Mutter in den Wehen lag. Er fiel in den Teich. Der Haushalt beging gleichzeitig meine Taufe und seine Beerdigung. Ich kam unter Trauernden zur Welt. Ich konnte nichts tun, was diesen Verlust je wieder gutgemacht hätte. Mein Vater war ein Fremder, der in einiger Entfernung an mir vorbeiging, während meine Mutter ihre Trauerkleidung mein Leben lang nicht ablegte. Im ersten Jahr nach dem Tod ihres Mannes erwarb sie dann neue Kleidung in leuchtenden Farben.

Sie begrüßte die Gesellschaft meiner fremdartigen Soldatinnen. Sie arbeiteten in den Weinbergen mit, kleideten sich, wie sie gerade Lust hatten, die einen als Männer, die anderen in lockerer Bäuerinnentracht, und die Fröhlichkeit meiner Mutter gab ihnen zusätzlichen Auftrieb. Eines Tages tauchte auch Abigail auf, sauertöpfisch wie eh und je. Ohne dazu eingeladen oder angestellt worden zu sein, wurde sie zur Wirtschafterin des gewachsenen Haushalts, und ich zahlte ihr wieder ihren alten Verdienst.

Jede Woche stießen neue Frauen zu uns. Wir mussten in den Ställen Unterkünfte für sie einrichten, und als auch diese belegt waren, schufen die Städter Platz in ihren Häusern und Ställen. Die meisten meiner Rekrutinnen waren kerngesund. Manchmal kam eine, die sonst nichts mehr hielt, weil sie zu Hause weder Kinder noch Angehörige hatte und auch keine Vergangenheit, an der sie hing. Und abgesehen davon, dass sie nichts mehr zu verlieren hatte, brachte sie vielleicht auch kein Talent fürs Militär mit. Auch diese Frauen stellten wir zur Arbeit an; sie konnten die Versorgung unseres Truppenverbands übernehmen. Im nächsten Frühjahr waren wir eine schlagkräftige Truppe von achtzig Frauen, die fünf verschiedene Sprachen sprachen. Die Neuankömmlinge brachten die verschiedensten Fertigkeiten nach Tonnerre mit – wir hatten Köchinnen, Schneiderinnen und Frauen, die den anderen Lesen und Schreiben beibringen konnten –, was die lokale Wirtschaft doppelt bereicherte. Die Düfte und Klänge von Frauen erfüllten die Luft. Im Vergleich zu Männern hatte ich Frauen immer langweilig gefunden, selbst wenn die intelligentesten Menschen in einem Salon – wie so oft – die Frauen waren. Aber sie waren der Feind, das enttäuschte Geschlecht. Ich hatte mich natürlich nicht einmal an ihnen vergehen können, wie das nach einer siegreichen Schlacht gelegentlich von mir erwartet worden war.

Innerhalb unseres Anwesens hätte ich meine Uniform tragen können, aber ich hatte gar nicht mehr den Wunsch danach. Nur Männerstiefel brauchte ich noch, um mich wohlzufühlen. Der Eindruck einer Uniform war allerdings wünschenswert, also entwarf ich eine mit Hilfe meiner Mutter, und Abigail und sie arbeiteten zwei Monate daran, grenadiergrüne Hosenröcke und Westen zu schneidern. Nachdem ich die Lage in Amerika ausgiebig studiert hatte, kam ich zu der Auffassung, wir sollten uns als unerwartet zuschlagende Miliz verstehen und aus unserem Geschlecht kein Geheimnis machen. Baron von Steuben folgte einem konventionellen Ansatz, und wenn den Gerüchten aus Amerika zu trauen war, arbeitete er mit minderwertigem Wehrmaterial. Seine Männer mussten angelockt werden, und wenn das nicht funktionierte, wurden sie geschlagen, um zu parieren. Seine einzige Zuflucht waren strenge Regeln. Eigenständiges Denken war untersagt. Meine Soldatinnen dagegen zeigten sich kampfeswillig bis zum Zelotentum, gut genährt und stark, und man konnte sie in taktischem Denken und Flexibilität schulen. Sie saugten meine Anweisungen mit allen Poren auf. An warmen Abenden saßen wir auf den Feldern und sangen Lieder in den verschiedensten Sprachen. Gedichte wurden verfasst und laut vorgelesen. Die Kameradinnenschaft war einfach beglückend. So etwas hatte ich in all meinen Jahren bei den Dragonern nie erfahren.

Ich war ungeduldig, wollte mit meiner Aufgabe vorankommen und meine Brigade ausbilden. Ich brachte den Damen Disziplin bei, ließ sie vor Morgengrauen aufstehen, jede Soldatin erhielt einen Kanister Milch und einen Laib Brot, und wir machten uns mit geschulterten Charleville-Musketen zum Exerzierplatz auf, dem neuen Modell von 1777, mit dem sich bis zu drei Schuss pro Minute abgeben ließen. Wir übten mit Schrotmunition. Wir bereiteten uns auf Gefechtsmanöver im Milizenstil vor, teilten uns in unabhängig operierende und vorstoßende Kleingruppen auf, die dann wieder abtauchten. Wir waren wild.

Wir waren aber nicht darauf versessen, uns ins Kampfgetümmel zu werfen. Zu meiner Zeit lässt sich der Krieg Zeit, und zwischen zwei großen Schlachten kann ein ganzes Jahr verstreichen. Ich erhielt die Nachricht, französische Offiziere und Glücksritter fielen wie gutgekleidete, hochnäsige Heuschrecken über Amerika her. Zu ihrer Überraschung waren sie nicht willkommen.

Als Soldaten waren sie den unerfahrenen Befehlshabern vor Ort unterlegen, weil diese sowohl mit der Geländebeschaffenheit als auch der eigentümlichen Wesensart ihrer Rekruten vertraut waren. Nur Lafayette hatte sich beliebt machen können, indem er einen Teil seines riesigen Privatvermögens in Schiffe und Waffen investiert und den Amerikanern zur Verfügung gestellt hatte, ohne je eine Rechnung vorzulegen; er war mit einem silbernen Löffel im Mund geboren worden und hatte ihn ausgespuckt. Er blamierte Pierre, weil er es sich erlauben konnte, keine Gegenleistung zu erwarten. In Tonnerre kamen uns Berichte zu Ohren, er glaube mehr an die Werte Amerikas als die Amerikaner selbst und erwarte von Washington sogar ein Verbot der Sklaverei. Was uns anging, konnten wir die Neue Welt überzeugen, dass wir etwas wirklich Neues waren: eine Frauenbrigade.

Artemisias Widerspruch

Manchmal kam es unter meinen Soldatinnen auch zu Unstimmigkeiten. Eines Abends hörte ich draußen einen Tumult. Rufe und Rempeleien. Es endete damit, dass eine schimpfende Stimme langsam in der Ferne verklang. Dann wurde noch erregt, aber gedämpft getuschelt. Am nächsten Morgen war eine meiner hingebungsvollsten Soldatinnen verschwunden. Sie nannte sich Artemisia. Eine Russin, die sich darauf versteift hatte, nur schlichte Kleider zu tragen. Ich schickte ihr einen Suchtrupp hinterher. Als die Frauen zurückkamen, konnten sie ihre Fröhlichkeit kaum unterdrücken und berichteten, sie hätte in einem Nachbardorf Zuflucht gesucht. Sie käme bestimmt bald zurück. Ich fragte nicht nach.

Eine Woche später gesellte Artemisia sich wieder zu uns, als wir abends am Feuer saßen. Sie hatte einen großen Sack dabei und wurde herzlich begrüßt, denn sie hatte allen sehr gefehlt. Sie erklärte, der Streit hätte mit mir zu tun gehabt. Um ihren Standpunkt zu beweisen, hätte sie einen Portraitmaler im Nachbardorf gezwungen, ihr sein Handwerkszeug zu leihen. In Russland, sagte sie, hätte sie unter einem Künstlernamen als Portraitmalerin gearbeitet und sich natürlich als Mann ausgegeben. Sie hätte ihre Arbeit und ihre Verkleidung hinter sich gelassen, um sich uns anzuschließen. Sie sei von friedlicher Gesinnung, hätte sich aber mit den anderen Soldatinnen darüber gestritten, welcher geschichtlichen Gestalt ich am ähnlichsten wäre. Die eine hätte behauptet, ich wäre die wiedergeborene Athene, einer anderen zufolge würde ich mich schon bald als eine amerikanische Jeanne d'Arc erweisen. Das hätte sie geärgert, denn sie hätte eine ganz andere Vorstellung.

Sie öffnete ihren Sack und zog eine Leinwand heraus – das Ölbild einer schlanken, aber kräftigen Gestalt in einer hellblauen Robe samt Umhang. Während sie sie entrollte, hielt Artemisia eine kleine Rede: »Ihr habt d'Éon mit der Athene des Altertums verglichen. Sie hat ihre Weisheit und ihren Mannesmut, aber ihr irrt: Nach ihren heroischen Taten hat die Chevalière unser Lob hundertmal mehr verdient als Athene. Wer war denn schon Athene? Eine Kopfgeburt von Dichtern, ein Fabelwesen. D'Éon dagegen ist aus Fleisch und Blut.« Das Gemälde zeigte eine militante, feurige Madonna mit grauen Locken und meinem Gesicht. Sie hatte ein wildes, widerspenstiges kleines Kind im Arm, dessen fröhliches Gesicht darauf schließen ließ, dass es gleich eine Heilige Schrift zerfetzen würde.

»Das ist aber nicht Jesus«, sagte ich schockiert.

»Das Kind ist die Kraft der Frau«, sagte sie. »Das Kind ist gütig, aber rebellisch.«

Für mich war das Gemälde eine weit größere Ehre als mein Sankt-Ludwigs-Kreuz. Ich träumte davon, dieses Bild auf einer amerikanischen Münze zu sehen. Einer

Goldmünze. Wir würden das Gemälde in die Neue Welt mitnehmen.

Nur wenige Tage danach verschwanden Artemisia und das Gemälde. Ein Bauer berichtete, ein junger Russe sei in einer üppig geschmückten Kutsche mit einem Kutscher, zwei Dienern und acht Pferden gekommen. Er hätte »seine Frau« gesucht und sich als Graf Soundso ausgegeben. Als er die in den Ställen schlafende Artemisia fand, hätte er zum Steinerweichen geweint. Sie hätten bis tief in die Nacht gestritten – er nannte sie »Olga« –, und am nächsten Morgen wären sie und das Gemälde fort gewesen.

Ich hatte Angst, das würde dem Kampfgeist meiner Truppe schaden, und wollte so schnell wie möglich nach Amerika in See stechen.

Wie ich meine letzten Vorbereitungen traf und es zu einer Begegnung kam

Ich eröffnete dem König brieflich, wir seien ausgerüstet und ausgebildet und könnten nach Amerika lossegeln. Wir bäten nur um Finanzierung der Überfahrt, denn anders als Lafayette könnten wir uns nicht selber ein Schiff kaufen. Und wir müssten für die Dauer unserer Dienstzeit verproviantiert werden. Nach mehreren Monaten hörte ich endlich vom Außenminister. Benjamin Franklin träfe die Entscheidung, ob er uns einstellen beziehungsweise wo in Amerika er uns aufstellen würde. Er wünsche ein Gespräch mit mir.

Das gefeierte Genie Benjamin Franklin, ein Amerikaner in dritter Generation, hatte sich im Gegensatz zu den anderen Berufsrevolutionären geweigert, Pierre zu treffen, und auf seine zahllosen Bitten um eine Audienz gar nicht reagiert. Pierre war der bewusste Affront nicht entgangen. Trotzdem hatte er immer wieder nachgehakt, weil er sicher war, den rätselhaften Sturkopf umstimmen zu können. Als sich ein Treffen nicht mehr vermeiden ließ, hatte Franklin Pierre in Monarchenpose im Schlafgemach empfangen, wo er in einer Badewanne lag, seinen schwammigen Greisenkörper zur Schau stellte und dem jungen Mann seine Verachtung zu erkennen gab. Er hörte sich an, was Pierre zu sagen hatte, und wedelte ihn wieder fort. Vielleicht mochte Franklin die Tatsache nicht, dass sich Pierre am Krieg anderer bereichern wollte, und gab nichts auf die üblichen Beteuerungen abstrakter Freiheitsliebe. Vielleicht hasste er auch einfach junge Genies. Warum interessierte er sich dann aber für mich? Wenn ihn einfach nur die tratschgenährte Neugier trieb, war er für mich nutzlos – sobald er die befriedigt hatte, würde er mich vergessen. Ich hatte aber Grund zur Hoffnung, dass er unsere Brigade unterstützen würde. Auch er war nämlich Freimaurer. Ganz abgesehen von den damit einhergehenden Verpflichtungen huldigte er der Genügsamkeit, und meine Brigade war deren Inbegriff – billige Frauenarbeit.

Die britischen und französischen Minister waren wahrscheinlich heilfroh, uns loszuwerden. Sie mussten wissen, warum ich ihm meine Aufwartung machte; bevor Franklin dazu kam, seine Post zu lesen und zu beantworten, wurde sie von den Briten, den Franzosen und den Spaniern immer wieder aufgedampft. Soweit ich gehört hatte, ahnte er das nicht einmal – auch das Amt des amerikanischen *Postmaster General* bereitete einen offenbar nicht auf den europäischen Umgang mit dem Briefgeheimnis vor.

Franklin begrüßte mich persönlich und vollständig bekleidet im Salon seines Gästehauses. Er sprach mich auf Französisch an, wirkte aber erleichtert, als ich auf Englisch antwortete. Er trat mir mit vollendeter Liebenswürdigkeit und ohne jede Neugier gegenüber, ein alter Schwerenöter, der eine vierzig Jahre jüngere Frau gar nicht weiter beachtete. Er lächelte kein einziges Mal. Er war schon achtzig Jahre alt, vielleicht erlaubten seine Zähne das nicht. Reden konnte er aber auch ohne sie. Er saß hinter seinem Pult und ging eine Fragenliste durch, die er offenbar zugeschickt bekommen hatte. Würden wir uns der Hauptarmee anschließen? Würden wir von General Washington Befehle entgegennehmen? Wann konnten wir aufbrechen und den Atlantik überqueren? Ja klar, wir könnten sofort aufbrechen. Er verhielt sich geschäftsmäßig. Anders als andere Männer taxierte er weder meine Brüste noch warf er einen Blick auf meine Füße, die ich für diesen Anlass mit hochhackigen Schuhen folterte. Ich hatte ein englisches Gedicht geschrieben, was einem Franzosen nicht leichtfällt, aber auf Englisch würde es ihn eher ansprechen, und als er mir sein Wort gegeben hatte, hielt ich das für den geeigneten Zeitpunkt, es zu deklamieren:

»In der Hand ruht das Schwert, auf dem Haupt die Kokarde«, setzte ich an und räusperte mich. Er sah mich düster an, was mich dramatischer fortfahren ließ: »Unser Charme schlägt den Feind auch im Mieder, doch wir setzen auf größren Erfolg. Und die Frau legt die Waffen erst nieder, ist besiegt alles Männervolk!!«

Wahrscheinlich war es albern, aber ihm gefiel es, und er nickte. »Meinen Segen haben Sie«, sagte er. Dann hatte er aber doch noch eine Bedingung.

Ein gewisser Pierre de Beaumarchais hatte uns ein Schiff verschafft. Er stand auf und verkündete: Unsere Überfahrt läge in den Händen dieses Mannes. Dieser Beaumarchais wollte die amerikanische Revolution unterstützen. Er konnte seine Leidenschaft beweisen − indem er unsere Überfahrt aus eigener Tasche bezahlte.

Wie es ausging und weitergeht

Jetzt, wo ich jahrhundertealt bin und schon vor langer Zeit den endgültigen Sieg über meinen Pierre Caron de Beaumarchais für mich reklamiert habe, indem ich ihn überlebt und mich unter die wirklich langlebigen Genies wie Voltaire und Franklin eingereiht habe, jetzt, wo die Wetten auf mein Geschlecht längst Vergangenheit sind und die Börse in Jonathons Kaffeehaus zu Staub zerfallen ist, jetzt, wo sich absolut niemand mehr an mich erinnert, kann ich mich bei Morande für seine Hilfe am Ende meines sterblichen Lebens bedanken. Der Dickschädel hatte einen menschlichen Zug, von dem ich nie etwas geahnt hatte. Unsere Vertrauensbrüche waren vergessen, als hätte es sie nie gegeben. Wahre Liebe beweist sich wie GOttes Liebe durch Vergebung.

Ohne Beaumarchais' Unterstützung wollten die Amerikaner nichts von mir wissen, und rachsüchtig, wie er war, weigerte er sich, weil ich über seine Geschäfte zu gut Bescheid wusste – schließlich war ich ihr Architekt. Ihm konnte nichts passieren – als Frau konnte ich die Schuld sowieso nicht einklagen. Am Ende setzte er das Unternehmen in den Sand, als sich die Amerikaner nämlich weigerten, ihm seine Schiffe mit Tabak beladen zurückzuschicken oder ihm auch nur einen Cent für seine Investitionen zu zahlen. Dr. Arthur Lee hatte sich zu guter Letzt grausam für Pierres Verweigerung der Zusammenarbeit gerächt. Nach seiner Rückkehr nach Amerika hatte er im Kongress verlauten lassen, Pierre sei ein Lügner, und die von ihm geschickten Waffen würden alle vom französischen König bezahlt, der keine Vergütung, sondern Handelsabkommen erwartete. Pierre wurde einer von uns Männern, die in der Altersarmut dahinvegetierten. Er hatte nicht mehr viel zu lachen. Während wir weiterlebten, starb er mit siebenundsechzig im Beisein seines Kammerdieners Lucas. Seit einem Jahrzehnt hatte dieser keinen Lohn mehr bekommen. Sie waren Busenfreunde geworden.

Die kostbaren Papiere, die ich unter den Dielen und dem Teppich in Lord X' Bibliothek versteckt hatte, verbrannten mit dem Landsitz und seinen Eigentümern, als ich gerade Benjamin Franklin meine Aufwartung machte. Das Feuer war von James gelegt worden, nachdem Lord X verlangt hatte, er solle die Marmorbüste von Louis XV. aus der Kate in ihr Herrenhaus holen. Er hatte leichthin gesagt: »D'Éon kommt eh nicht zurück.« Mein getreuer James wurde wegen Brandstiftung verurteilt und starb von eigener Hand an dem Tag, an dem er ins Gefängnis gebracht wurde. Der Neffe von Lord X verkaufte meine Bibliothek und das im Gästehäuschen eingelagerte Mobiliar, ohne dass ich ihn daran hindern konnte, und sackte den Erlös ein. Als Mann hätte ich ihn verklagen können, aber als Frau hatte ich keinen Regressanspruch. Wie sich herausstellte, hatte nicht Pierre, sondern Morande mich verraten und der britischen Presse gesteckt, dass ich meine Wahlheimat für den französischen König ausspioniert hatte, der eine Invasion im Sinn gehabt hatte. Morande war es auch gewesen, der Pierre dazu gebracht hatte, meinen Wunsch der Atlantiküberquerung abzulehnen. Pierre hatte unsere Versöhnung angestrebt. Das alles gab Morande mir gegenüber sogar voller Stolz zu; seine Selbstliebe rostete im Alter nicht, und sogar das verzieh ich meinem Freund.

Durch die Revolution in Frankreich verloren wir beide alles, und durch die in Amerika gewannen wir nichts. Ich war aristokratisch genug, um Anspruch auf eine Hinrichtung zu haben, und verdrückte mich wieder nach England, als die blutigen Unruhen begannen. Die Revolutionäre stellten meine Pensionszahlungen ein und zerstörten unsere beiden Familiensitze. Zum Glück hatte ich in England nur einen kometenhaften Aufstieg gemacht und nie als Fixstern gestrahlt; Kometen können verglühen, und so streifte ich meine Vergangenheit ab. Ich musste keine Stigmata der Weiblichkeit zur Schau stellen.

Als ich mich in London also wieder nach eigenem Belieben kleiden konnte, kaufte ich mir eine ganze Kollektion neuer Kleider. Das Fischbeinkorsett trug sich leichter als früher der Brustharnisch. Die Kleider entsprachen der aktuellen Mode des heraufziehenden neuen Jahrhunderts. Sie versteckten den menschlichen Körper. Sie passten mir.

Als Witwe wurde ich von Bürgermeister John Wilkes zu einem *Souper entre nous* eingeladen. Ich hatte mit ihm gespeist, als er ein gewöhnlicher Sträfling und ich ein Mann gewesen war. Jetzt achtete er auf Distanz und behandelte mich wie eine schrullige Alte. Bald darauf verlor er jedoch seine Stellung und wurde ebenfalls zum Fossil.

Ich verzieh ihm seine früheren Allüren, und wir wurden Freunde. Um über die Runden zu kommen, duellierte ich mich und focht zum Broterwerb, in das Schwarz einer molligen alten Jungfer gekleidet und mit dem Sankt-Ludwigs-Kreuz an der Brust. Dank des Fechtens blieb ich in Bewegung und kam mit dem Degen nicht aus der Übung. Schließlich tat ich mich mit einem Zirkusveranstalter zusammen. Niemand, wirklich niemand konnte es mit mir aufnehmen. Trotz meines hohen Alters, trotz meiner Steifheit, trotz meiner Gelenkschmerzen, trotz der Aufmachung, des engen schwarzen Kleides, und trotz meiner Leibesfülle, die sich mit keiner Schnürbrust mehr kaschieren ließ, konnte ich immer noch jeden jungen Mann mit einem Degen besiegen. Eines verfluchten Tages jedoch, am 1. September 1796, als ich achtundsechzig Jahre alt war, hatte ich in Southampton einen Unfall. Die Spitze meines eigenen Degens brach ab, flog mir ins Gesicht und drang mir ins Auge. Die besten Ärzte setzten vergeblich alles daran, mein Sehvermögen zu retten, und ich musste mein Sankt-Ludwigs-Kreuz verkaufen, um ihre Rechnungen zu bezahlen.

Im Krankenhaus erhielt ich überraschend Besuch von Mrs Mary Cole, die mich zwanzig Jahre zuvor in ihrem Gasthaus beherbergt hatte. Sie hatte von dem Unfall gelesen. Sie wollte ihre Neugier befriedigen, hatte aber auch im Alter noch ein weiches Herz, und nach ihrem dritten, sehr angenehmen Besuch, bat sie mich, ein paar Wochen zu ihr zu ziehen, wo sie sich um mich kümmern wollte. Ich hatte keine andere Bleibe. Sie vermietete immer noch Zimmer über der Wirtsstube. Von dem Geld, das Morande mir lieh, ohne dass ich darum betteln musste, brachte ich knapp die bescheidene Miete auf.

Morande hatte sich weit mehr verändert als ich. Nachdem seine misshandelte und missachtete Frau gestorben war – wäre sie langsam dahingesiecht, hätte er ihr Leiden nur gering geschätzt, aber der Tod entriss sie abrupt und stahl sie ihm –, spielte er bis zum Erbrechen den trauernden Witwer. Anfangs war es das reine Theater, aber als seine Kinder, die den Vater hassten, ihm ihr Mitleid versagten, wurden seine Einsamkeit und sein Elend echt. Er vermisste sie. Er bereute. Und er suchte bei mir Trost, und wir wurden zwei alte Leute, die sich auf Parkbänken ihren Erinnerungen hingaben. Er machte mir sogar einen Heiratsantrag, den ich aber ablehnte. Ich hatte ihn im Verdacht, immer noch auf mein Geschlecht neugierig zu sein, und außerdem war ich mit Mrs Cole glücklich und zufrieden.

Auf Morandes Rat hin bat ich einen Verleger um einen Vorschuss auf meine Memoiren und konnte meine Schulden bei Morande zurückzahlen. Zehn glückliche Jahre verbrachte ich mit der Niederschrift meines ganzen Lebens, aber dann wurde das Manuskript abgelehnt. Die Zeiten hatten sich geändert, und niemand wollte von den peinlichen Einzelheiten meiner beiden Leben als Mann und als Frau hören. Der schottische Kilt wurde verboten, über Sex sprach man nicht, und ich war nur eine alte Jungfer in einer Welt, in der es von Jungfern nur so wimmelte. Mrs Cole verlangte keine Miete mehr von mir. Sie war hilfreich und gütig, die beiden menschlichen Eigenschaften, die ich mehr als alle anderen zu schätzen gelernt hatte. Sie wusste nichts über mich, und ich wurde ihre beste Freundin, ihre Schwester, wir wurden gemeinsam aus ihrer Wohnung geworfen, kamen beide kurz ins Armenhaus, und nachdem Morande mir testamentarisch seine winzige Junggesellenwohnung vermacht hatte, führten wir nach seinem Tod dort ein glückliches Leben. Sie schlief im Wohnzimmer auf dem Sofa und ich in Morandes kleinem Bett mit der klumpigen Matratze. Sie kümmerte sich um das Kochen, Waschen und Putzen, und ich las ihr die Klassiker und die Bibel vor. Ich war immer noch ein großer Esser, *à la française*, wie die Engländer sagten, soll heißen, ich genoss große Mahlzeiten, und meine Mrs Cole bereitete sie gern zu. Ich muss sie auf diesen Seiten um Verzeihung bitten für den Schock, den mein Tod ihr schlussendlich und nach sechs Jahres des glücklichsten Zusammenlebens zufügte. Ich ging ein Jahr vor ihr. Als ich eines Morgens leblos dalag, zog sie entsetzt die Bettdecke fort, sah, dass ich nackt und ein Mann war, ein normaler Mann, mein Geschlecht vom Alter verschrumpelt, aber nicht vom mangelnden Gebrauch, denn es hatte mir in meiner zweiten Lebenshälfte viel Lust bereitet. Fünfunddreißig Jahre lang hatte ich mit dem Mann, den ich hasste, in einer Phantasiewelt gelebt. Auch sein Tod ein Jahrzehnt zuvor hatte meine Erinnerungen an die eine Stunde, die wir nackt miteinander verbracht hatten, nicht auslöschen können. Er hatte mir gezeigt, was möglich war. Er hatte mich bezaubert.

Pierre hatte mich also erkannt; er war der einzige Mensch, der mich je richtig kennengelernt hatte. Er hatte gedacht, dieses geheime Wissen gäbe ihm Macht über mich, und ich würde niemals etwas verraten. Ich verriet auch nichts, aber nicht, weil das, was wir zusammen gemacht hatten, beschämend oder auch nur ungewöhnlich gewesen war. Beschämend war nur, dass er nicht mit dem Herzen dabei war. Damit habe ich hier die älteste

Geschichte der Welt in einer ihrer unzähligen Varianten nacherzählt, um Sie daran zu erinnern, nicht so arrogant zu glauben, Sie hätten die Freiheit erfunden, ein Mann oder eine Frau zu sein.

FINIS

Inhalt